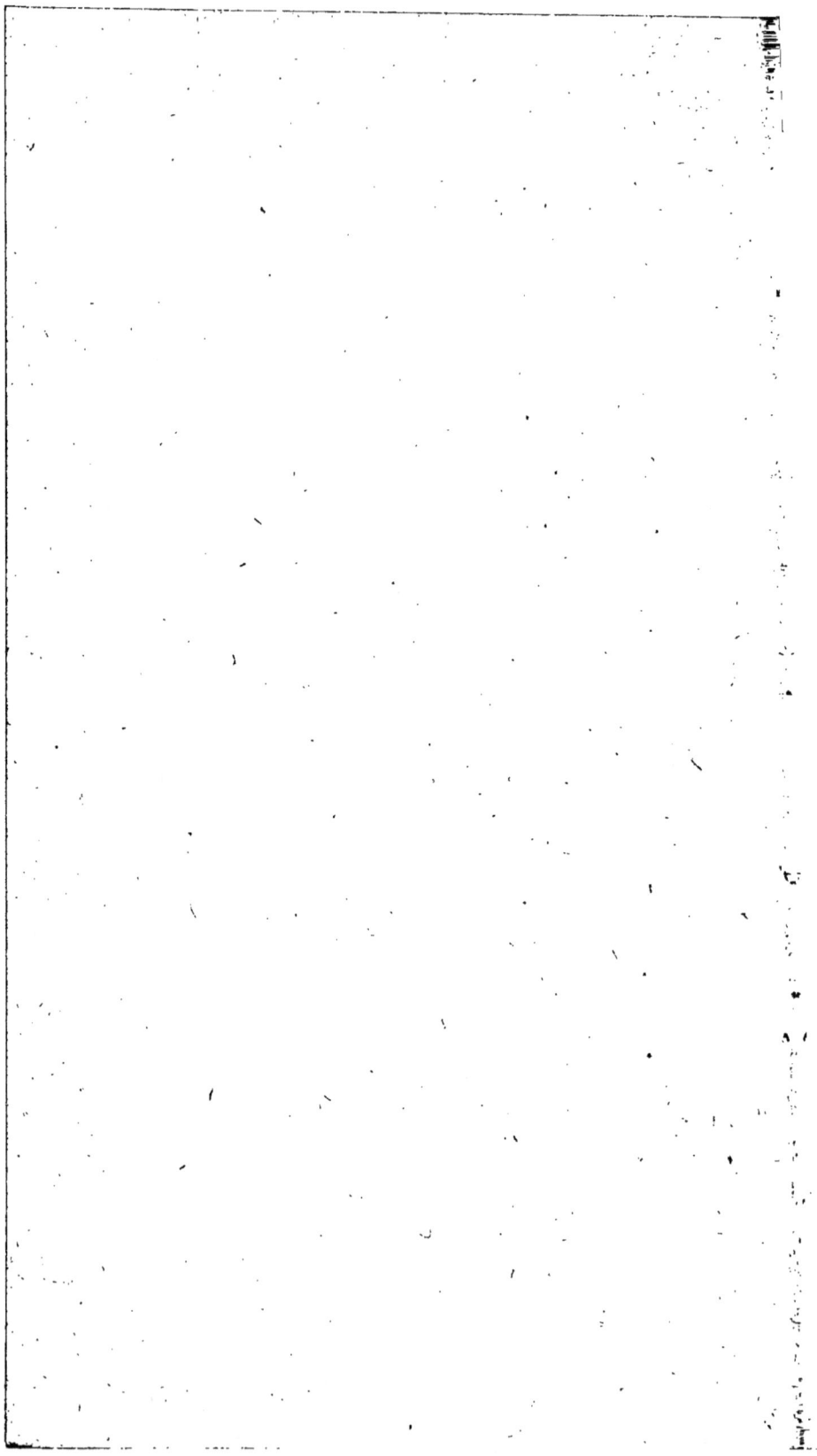

VIE

DE

M. AUGUSTIN PÉALA

PRÊTRE DE SAINT-SULPICE

SUPÉRIEUR DU SÉMINAIRE ET VICAIRE GÉNÉRAL
DU DIOCÈSE DU PUY

PAR

Ch. CALEMARD de LA FAYETTE

✠
I H S

LE PUY

IMPRIMERIE CATHOLIQUE DE J.-M. FREYDIER
Place du Breuil maison du Télégraphe

1875

VIE

DE M. AUGUSTIN PÉALA

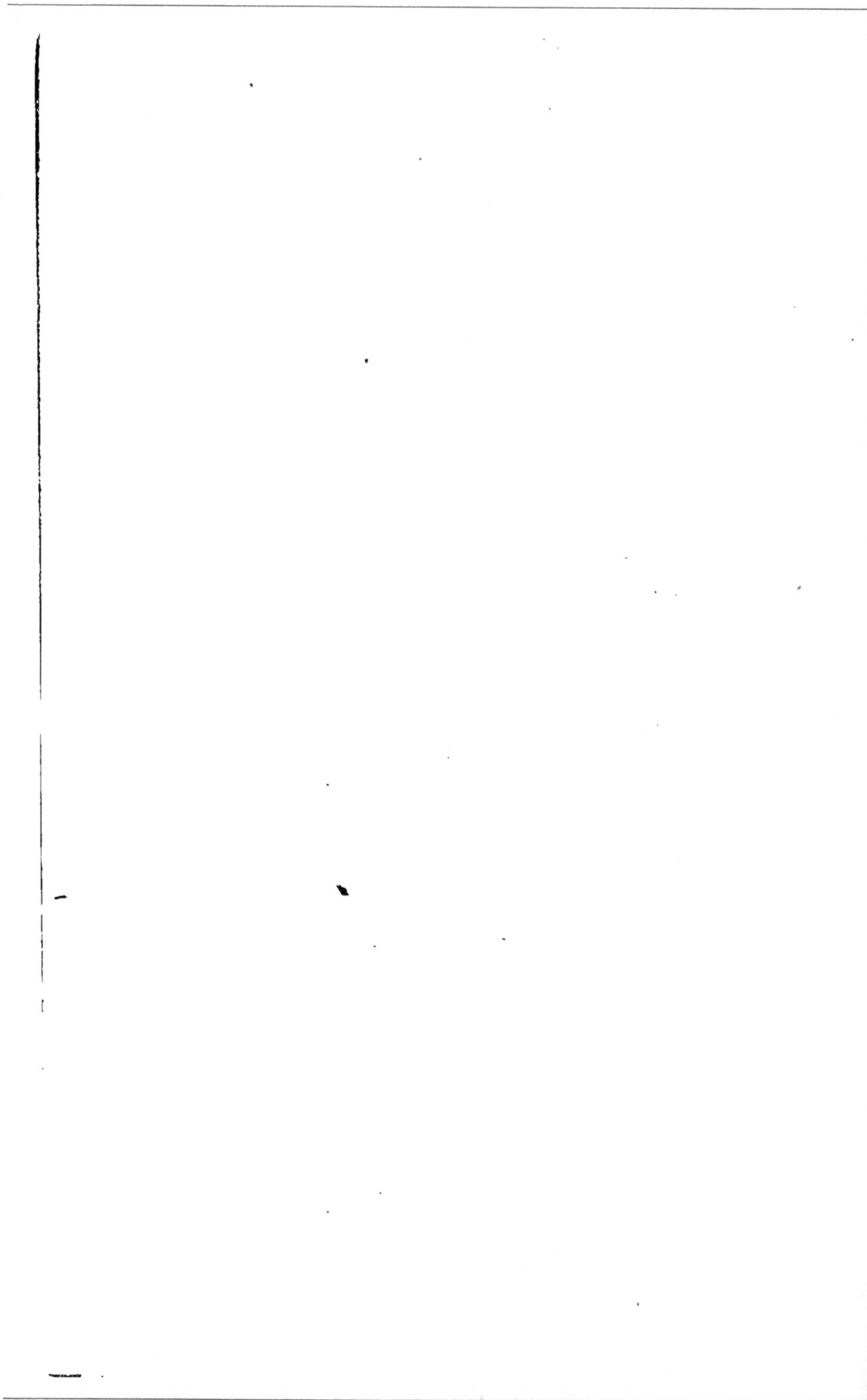

VIE

DE

M. AUGUSTIN PÉALA

PRÊTRE DE SAINT-SULPICE

SUPÉRIEUR DU SÉMINAIRE ET VICAIRE GÉNÉRAL
DU DIOCÈSE DU PUY

PAR

Ch. CALEMARD de LA FAYETTE

IHS

LE PUY

IMPRIMERIE CATHOLIQUE DE J.-M. FREYDIER

Place du Breuil, maison du Télégraphe.

—

1875

I

I. — Il est bon, sans nul doute, de contempler, de mettre en lumière et de glorifier la vie des grands hommes. De telles mémoires nous passionnent pour le bien, par l'enthousiasme et par l'admiration. Les dévoûments illustres, les vertus historiques exercent sur les âmes d'élite le plus précieux empire. Devant ces sublimes spectacles, il est donné à quelques-uns de se sentir noblement inspirés, de s'éprendre d'un généreux modèle, de devenir meilleurs. C'est là néanmoins, il faut le dire, un enseignement trop indirect et trop privilégié peut-être, pour qu'il soit accessible ou puisse suffire à tous. Tous n'ont pas, en effet, également et absolument besoin d'étudier l'héroïsme ; car tout homme ici-bas n'a pas mission de devenir un héros. Il peut donc y avoir souvent une utilité plus réelle, plus immédiate du moins, dans la leçon que nous donne une existence simple, modeste, volontairement obscure, et toujours belle selon le cœur de Dieu. Ici rien n'éclate, rien n'éblouit, rien n'étonne ; mais de doux mérites, sagesse, abnégation, charité, piété ; et le travail continu, et la prière fervente, et la soumission sans réserve à des tâches austères : tout fait exemple, tout parle un intelligible langage, tout prêche assidûment cette loi qu'il faut vouloir connaître, qu'il faut savoir aimer jusque dans ses rigueurs : la sainte loi du devoir.

L'existence que nous voudrions raconter ici, avec tout le respect qu'elle commande, est de celles qui peuvent avoir de la sorte une excellente et générale influence. A qui la saura comprendre, elle dit bien plutôt imitez qu'admirez ! Elle peut conseiller, instruire, édifier, montrer le droit chemin ; elle ne proclame ni l'absolu, ni l'impossible. Elle fait connaître et aimer les pentes vertueuses par où l'âme qui veut aller à Dieu trouvera, même dans les conditions les plus ordinaires, le but sublime et le terme sacré : ni difficultés trop ardues, ni sévérités trop menaçantes. Elle ferait accepter du monde lui-même l'austérité pleine de mesure, la rigidité tempérée, la naturelle ferveur, la soif généreuse des amers calices, et les belles inspirations dont un cœur chrétien s'enivre, pour ainsi dire, aux sources divines de l'Evangile.

Mais ne dût-elle offrir qu'aux hommes du sacerdoce un modèle de plus du bien vivre et du bien mourir, la biographie que nous indiquons aurait certes, au plus haut degré, l'utilité pratique et la valeur féconde d'une vivante leçon.

Oui, le type du prêtre humble, laborieux, patient, recueilli, indulgent aux autres, sévère seulement à lui-même; le type du supérieur ayant grandement charge d'âmes, et cumulant sans effort la prière, le travail intellectuel, les soins d'une vaste administration, toujours prêt à tout écouter, à tout voir, à tout comprendre, prodigue de bons avis, d'encouragements, de consolations, se faisant enfin, par ses inépuisables sollicitudes, par sa compréhensive bonté, par son zèle calme mais infini, le patron de vingt générations sacerdotales, le confident ou l'ami de tout un clergé contemporain; frein pour celui-ci, aiguillon pour celui-là, émule généreux des uns, mentor bienveillant des autres, frère et père tour-à-tour, pasteur et docteur à la fois, et, en un mot, s'il est permis de le dire, dans la sphère active où il est placé, l'âme de tout un monde ; ce type, disons-nous, si digne d'être étudié en détail, décrit avec sympathie, cette figure à la fois touchante et vénérable du prêtre évangélique, nous la trouvons réalisée, autant qu'il est donné à l'imperfection de la nature humaine d'atteindre la pureté d'un idéal abstrait, nous la trouvons réalisée par l'homme dont nous allons esquisser la vie, M. Augustin PÉALA, prêtre de Saint-Sulpice, supérieur du Séminaire, et grand-vicaire du diocèse du Puy.

II. — Quant à nous, heureux de la tâche qui nous est confiée, nous ne nous en dissimulons pourtant pas les difficultés. De toute part, il est vrai, des documents circonstanciés, de pieux et touchants souvenirs nous ont été adressés pour nous aider dans cette œuvre. Or, il faudrait peut-être tout dire; nous ne devrions rien négliger des détails que veulent bien nous fournir l'admiration vive, ou l'affection enthousiaste et filiale ; tout semblerait dû à l'édification commune, dû à la sympathique attente de ceux qui ont connu, qui ont aimé le digne et bon Supérieur. Il faudra cependant savoir limiter ce récit ; nous ne croyons pas devoir seulement écrire pour les amis, pour les disciples, que ne lasserait même pas une intarissable abondance. Pour peu que ces pages empruntent quelque valeur au sujet, il faudra qu'elles soient par leurs proportions, accessibles au grand nombre, et que le grand nombre puisse en recueillir les fruits. D'autre part, nous qui avons pu admirer autant que tous, la modestie si absolue, l'humilité si chrétienne dont le saint prêtre avait fait la loi suprême de sa vie, nous sentons vivement toute la convenance d'une réserve excessive. Nous savons combien ce serait méconnaître et, pour ainsi dire, froisser toutes les traditions de cette vénérable mémoire, que d'écrire une seule ligne suspecte d'une sympathie trop facile ou d'une exagération dans la louange. Nous nous efforcerons donc de nous contenir dans le récit des faits, et nous éviterons soigneusement tout ce qui pourrait nous donner, même par une faible apparence, le caractère moins impartial ou plus complaisant du panégyriste. Les hommes comme M. PÉALA sont d'ailleurs mieux loués par leurs œuvres et par les regrets amers qu'ils laissent après eux, que par aucun discours. Il a été bien pleuré, il le sera longtemps encore, il sera regretté toujours. Aimé dans la vie, béni dans la mort, quel plus bel apanage pour l'homme de bien ! Et qui ne sait, en effet, qu'après le mérite d'avoir pratiqué la vertu, il n'en est pas de plus beau que celui de l'avoir fait chérir !

II

I. — Claude-Augustin Péala naquit aux Reymonds, commune et canton de Tence, dans l'arrondissement d'Yssingeaux, le 8 septembre 1789, et l'on aimait·à noter dans sa pieuse famille qu'il eut, comme plusieurs de ses frères, le bonheur de venir au monde le jour d'une fête de la très-sainte Vierge.

Augustin fut le septième des douze enfants de Jeanne Delosme, morte en 1814, à l'âge de 53 ans, et de M. Pierre Péala, lequel atteignait sa 98e année au moment où il a été si cruellement frappé par la perte de son bien-aimé fils.

La terre des Reymonds avait appartenu, pendant tout le quatorzième et la moitié du quinzième siècle, à des propriétaires qui lui devaient leur nom, et s'appelaient Reymond des Rey-

monds ; elle passa ensuite par des alliances à
divers autres maîtres, et fut enfin acquise en
1769 par la famille Péala.

Dans toutes les époques de sa vie si occupée
et si pleine, le savant Supérieur garda pour
cette petite patrie de sa jeunesse une prédilection
touchante. Il aimait à connaître, à rechercher
tous les détails sur les lieux, à recueillir toutes
les légendes, toutes les traditions, tous les vieux
souvenirs du pays ; il y retourna toujours avec
une joie filiale et un patriotique bonheur. Aussi
devions-nous une mention spéciale à cet asile de
calme, où les belles vertus de l'enfance pouvaient croître pour ainsi dire naturellement sous
l'égide des vieilles mœurs et sous l'inspiration
d'une bonne mère.

II. — On trouve encore dans l'arrondissement d'Yssingeaux, plus qu'ailleurs, quelques-
unes de ces familles agricoles anciennes et riches
dont les temps nouveaux n'ont pu altérer le
caractère. En vain les séductions des cités pro-
chaines, — séductions si engageantes pour quiconque a de l'or, — en vain l'appel de la vanité,
l'attrait des positions plus brillantes et surtout
plus extérieures, s'efforcent-ils de convier au
dehors ces placides destinées ; dans sa simplicité

si haute et si digne, l'agriculteur reste honora-
blement fidèle au sol qui le nourrit; aux champs
qu'a labourés son père, aux bois qu'a plantés son
ancêtre, à ce modeste cimetière qui garde dans
la paix la cendre des aïeux. La vie rurale con-
serve tout entier le légitime orgeuil de sa mission ; la main qui saisit la charrue a conscience
de l'œuvre qu'elle accomplit : le sillon qui s'ouvre sous les pas du semeur ne rend pas à un
ingrat ses trésors décuplés ; et sous la voûte du
ciel, l'homme à qui tout enseigne Dieu, ne
saurait oublier ce maître des saisons, qui donne
également la gerbe opulente à l'infatigable
laboureur, le grain de sènevé au plus petit
oiseau.

Si les proportions de cet écrit pouvaient le
permettre, ce n'est pas sans attrait que nous
essaierions d'esquisser ici cette vie où règne
encore dans sa grandeur native le sentiment de
la famille, où subsistent toujours la déférence,
le respect, l'obéissance au chef, au père, à
l'aïeul. Intérieurs austères où les cheveux blancs
commandent, où le fils déjà père, déjà vieux
quelquefois, s'incline cependant révérencieux
et soumis jusqu'à l'heure où il prendra lui-
même ce gouvernement patriarchal qui n'est
jamais discuté ; hospitalières demeures où ser-

viteurs et maîtres conservent quelque chose de
cette antique familiarité, de cette solidarité
formée d'une seule parole, qu'on a vu résister
parfois au temps, à la séparation, comme à tous
les revers ; foyers bénis de Dieu, où la mère,
entourée des enfants et des domestiques, fait le
soir pour tous, et au milieu de tous, la pieuse
lecture de la sainte prière ; porte bien-aimée de
l'indigent, où le pain donné n'est que la moitié
de l'aumône, où la main répond au cœur, où le
cœur donne autant que la main, où l'ouvrier
vient avec confiance demander du travail, le
malade un remède, l'affligé une consolation,
chacun ce qu'il lui faut, et tous un bon exemple ;
vertus cachées, incorruptible honneur, probité
des anciens jours, bonté qui s'oublie, générosité
qui s'ignore; piété facile et profonde, sérénité
constante, naturelle grandeur ! — vertus cachées, vertus sans prix, élevées autant qu'ai-
mables, qui ne vous saluerait avec amour et
respect en vous rencontrant quelquefois sur notre
terre des montagnes, comme de belles oasis
dans le désert des jours ?

Eh bien, c'est à peu près dans un pareil
milieu que le jeune Augustin PÉALA, dès sa
première enfance, put en quelque sorte vivifier
son cœur, put l'imprégner de cette candide

pureté, de cette simplicité digne et forte qui devaient être le caractère et comme l'accent de toute sa vie.

III. — Aux Reymonds, tandis que, pour le dehors, le père, mettant lui-même la main à l'œuvre, donnait à la chose rurale le labeur efficace et l'indispensable vigilance du maître, la mère, de son côté, se livrait à ses soins du gouvernement intérieur qui influent à un si haut degré sur la prospérité de la famille agricole. Mais les occupations matérielles ne constituaient à ses yeux que la moindre partie du devoir. Elle ne se reposait sur personne des doux servages de la maternité : elle prodiguait toutes les assiduités, toutes les sollicitudes, toutes les ferveurs du cœur au corps d'abord, bientôt ensuite à l'âme de ses enfants. Elle surveillait surtout, elle préparait et protégeait sans cesse l'éclosion de ces jeunes esprits aux naïves sagesses, aux tendres piétés du premier âge ; elle s'efforçait enfin de répandre à toute heure la vie morale et l'inspiration religieuse autour d'elle. Ainsi, épouse, mère, maîtresse de maison, méditer sans relâche, accomplir sans réserve une triple mission, ménager, mesurer, dispenser avec tact une triple influence, telle était la loi que

cette digne et sainte femme faisait planer de
haut sur son existence entière : voilà, telle
qu'elle l'avait comprise, l'œuvre de la femme
chrétienne au foyer domestique.

Levée dès avant le jour, elle donnait quelques
heures aux nécessités et à la direction du mé-
nage, elle distribuait leur tâche aux femmes de
service ; puis, les ordres donnés, tout étant bien
réglé, rien n'ayant à souffrir de son absence
ainsi légitimée, elle partait pour aller, par un
trajet de près d'une demi-heure, entendre la
messe à l'église de Tence et recevoir la communion quotidienne.

Une digne femme, sous le nom de Magdelaine
Rosier, accomplissait alors dans le hameau
cette œuvre si modeste et si utile d'enseignement et de direction morale, émanée d'une institution que tout autre pays envierait à bon droit
au Velay. Marguerite Rosier, la *béate* (*), était
la compagne ordinaire de Mme Péala, dans sa
course matinale de l'église. Quand vint pour eux
l'âge d'aller à l'école, les enfants, chaque fois
surtout qu'il y avait quelque aumône à porter,
furent aussi fréquemment du voyage. Le voyage
se faisait en priant. Chacun offrait tour-à-tour

(*) Voir la note 1 à la fin du volume.

son contingent de pieux savoir. La béate, de beaucoup la plus riche en formules de prières, contribuait, plus que tous, au trésor commun ; chaque jour elle en apportait de nouvelles, et n'était heureuse que lorsque chacun les avait apprises. La même émulation animait aussi le retour.

Rentrée dans sa demeure, Mme Péala reprenait aussitôt les soins pressants de sa maison. Elle n'était pas un instant oisive ; seulement elle mêlait toujours l'oraison à ses divers travaux. Parfois, au moment où elle semblait le plus occupée, on l'entendait s'écrier : « Mon Dieu, que ceci soit pour votre gloire ! » et plus souvent encore : « Mon Dieu ! mon tout ! »

Aux approches de la nuit, elle se retirait pendant une demi-heure pour se recueillir devant Dieu. Puis, quand les enfants et les domestiques étaient tous réunis, on récitait ensemble le chapelet ; et une courte lecture de la vie des Saints ou des méditations sur l'Evangile précédaient encore la prière du soir.

Telle fut Mme Péala ; et nul ne s'étonnera de nous voir recueillir et consigner sur sa vie le plus de détails possible, en songeant quelle haute influence exerce le cœur de la mère sur le cœur des enfants, combien cette maternité de

2

la vertu peut avoir de puissance héréditaire,
et, si on peut le dire, de généreuses fécondités;
combien, par conséquent, les exemples et le
bienfait permanent de cette sainte vie, sont
entrés sans doute pour une large part dans le
beau patrimoine moral devenu le partage de sa
descendance.

Mme Péala devait continuer cette vie précieuse, accroître ainsi chaque jour, sous le re-
gard de Dieu, son trésor de mérites, jusqu'au
moment où la mort, la prenant, comme nous
avons dit, à un âge encore peu avancé, lui
ouvrit l'éternel sanctuaire où le vrai Maître seul
sait, en les couronnant de leur gloire, récom-
penser comme il convient de si douces vertus·

Objet de vénération et d'amour, elle fut
pleurée de tous; pleurée surtout des pauvres
pour lesquels elle se sentait un second cœur de
mère. Quant à l'immense et inconsolable douleur des siens, qu'est-il besoin de la dire? Sa
vie suffit à la faire comprendre, et tout cœur la
devine. Un homme distingué à qui était réservée
une haute action dans le sacerdoce, M. Issartel,
commençant à Tence son utile carrière, avait
été longtemps le directeur de cette conscience
sans ombre : du haut de la chaire, et dans une
circonstance solennelle, il en fit un public éloge,

en l'offrant aux mères de famille comme un rare et précieux modèle.

IV. — Mais hâtons-nous de rentrer dans l'ordre des événements : ils aideront encore à mieux apprécier cette éminente figure de la femme chrétienne, en qui l'intelligence et le courage complétaient la belle harmonie de la piété et de la vertu.

Les mauvais jours étaient proche. Les périls sans nombre, les calamités sans exemple, allaient, aux Reymonds comme partout, troubler bientôt la religieuse sérénité des communs bonheurs.

La France n'avait pas su contenir ses légitimes aspirations vers une ère nouvelle, dans cette voie de sagesse qui laisse les nations irréprochables devant l'histoire. Pour avoir méconnu le sentiment religieux, pour avoir demandé le dernier mot de sa destinée à l'évangile de Voltaire, et non plus à celui du Dieu martyr, la révolution française allait, durant trop de jours, faire du bourreau son grand-prêtre, de la terreur sa dernière espérance, du crime divinisé sa première vertu.

Les grandes épreuves étaient donc venues ; et les difficultés des temps, si rudes pour tous, devaient l'être plus encore pour une maison qui comptait deux prêtres désignés à la persécution pour leur refus de serment. Les accusations banales qui avaient si facilement cours et crédit contre les familles suspectes, le reproche de fanatiser le pays, d'empêcher les recrues de partir, de conjurer la ruine, d'appeler de ses vœux les oppresseurs de la patrie; le soupçon, infatigable pourvoyeur des cachots; la délation, lâche complice de la mort, tout menaçait, tout était à craindre; tout, dans les lugubres ténèbres où pleurait le raison, tout navrait d'effroi les âmes consternées. Sinistres souvenirs des moissons sanglantes de l'échafaud! Pourquoi faut-il que la fureur et la folie de quelques hommes aient laissé votre indélébile souillure aux plus nobles idées, et fait un tel outrage aux éternelles lois de la liberté sainte!

Au milieu des affreuses anxiétés qui régnaient constamment aux Reymonds, Mme Péala trouva dans sa sagesse et sa fermeté d'inépuisables ressources. Son mari et sa belle-mère avaient été condamnés à la réclusion : par des sacrifices pécuniaires faits à propos, elle sut les soustraire indéfiniment à l'exécution de cet arrêt. Ce ne fut pas toutefois sans que de vives alertes et de subites terreurs vinssent mettre souvent à con-

tribution tout ce qu'elle pouvait avoir de sang-
froid et de courage. Un jour, par exemple, au
plus fort des dangers, pendant que son mari
était contraint à se cacher, elle fut prévenue
qu'elle était dénoncée comme donnant asile à
quelques prêtres, et que sa maison allait être
soumise à de rigoureuses perquisitions.

C'était de mort qu'il s'agissait en ce moment,
les têtes étaient en jeu : pour elle, pour tous,
pour les domestiques même, tout devenait péril.

Les domestiques, elle les renvoie jusqu'au
soir avec les enfants, ne voulant pas d'autre vie
compromise que la sienne. La voilà donc seule
dans l'attente d'une invasion dont nul n'avait le
pouvoir de pressentir ou de dominer les colères.
Bientôt, en effet, la maison est cernée par une
troupe de plus de cent hommes les plus exaltés
des communes voisines. Le chef lui demande si
elle ne cache rien de suspect : « Je ne sais,
« répond-elle avec fermeté, ce que vous enten-
« dez par ces mots ; si vous voulez désigner
« ainsi les objets ayant appartenu à des prêtres,
« vous en trouverez ici sans peine : nous
« n'avons rien brûlé ni vendu ; si c'est un
« crime, vous êtes libres de me le faire expier. »
Alors elle est sommée de les accompagner dans
leurs investigations : « Je ne vous suivrai,

« reprend-elle, qu'autant que le cavalier ***
« (et elle le désignait dans la foule) m'engagera
« sa parole de ne pas me quitter. » Celui-ci,
touché de cette marque de confiance, lui témoigna quelques égards, et la protégea contre toute
agression personnelle.

Les recherches minutieuses et longtemps
prolongées restèrent cependant sans résultat.
La bibliothèque dut alors porter la peine de la
déception de ces insensés. Livres de piété, livres
de science profane, le feu détruisit tout. En
vain Mme Péala s'efforça-t-elle d'obtenir grâce
pour quelques livres de médecine : rien ne fut
épargné. Puis la cave eut pour eux un attrait
plus durable : ils se gorgèrent de vin, et finirent
par s'apaiser en se battant entre eux.

V. — C'est donc au milieu des temps les plus
difficiles que le jeune Augustin atteignit l'âge où
il fallut songer à lui donner les premières leçons
de l'enfance. Mais les écoles étaient fermées,
l'enseignement partout détruit, les institutrices
appartenant à des corps réguliers partout en
fuite, et rien ne les avait remplacées. Quelques
sœurs de Saint-Joseph de Tence, chassées de
leur couvent, étaient venues chercher aux
Reymonds un refuge clandestin. Elles voulurent

bien se charger d'enseigner à l'enfant les premières notions de lecture et d'instruction religieuse. Obligées de se cacher pendant le jour,
elles ne pouvaient guère lui consacrer que
quelques heures de la nuit. Il fit pourtant de
tels progrès dans l'étude et surtout dans la
piété, que M. de Rachat, curé de Tence, voulut
lui faire faire sa première communion bien
qu'il n'eût que neuf ans à peine : c'était à la fin
de 98. Les églises étaient fermées encore ; mais
la persécution contre les prêtres perdait quelque
chose de sa sauvage fureur. Ils purent bientôt
célébrer les saints mystères avec quelque publi-
cité et quelque solennité dans des granges. Ce
fut dans celle de Chambusclat (*campus ustus*)
qu'Augustin fit sa première communion avec la
plus édifiante et la plus vive effusion de cœur.

Cependant les bonnes sœurs qui n'avaient
quitté qu'en pleurant, et sous les menaces de la
violence, leur chère solitude, se hâtèrent de
regagner le couvent dès qu'il leur fut permis de
croire à des jours meilleurs. Elles laissaient aux
Reymonds le parfum de leurs douces vertus et
le souvenir reconnaissant du bienfait de leur
présence. Elles gardèrent sans doute elles-
mêmes une pieuse gratitude pour ce toit hospi-
talier qui avait abrité leur tête au temps de la
proscription et des périls de mort.

Les bienveillantes institutrices furent alors
remplacées auprès d'Augustin dans les soins de
l'enseignement graduel auquel pouvait prétendre
son âge, par un de ses oncles (2), vieux et
digne prêtre qui avait eu lui aussi tout à craindre pour ses jours, après avoir courageusement
refusé le serment. La persécution passée, il
revenait au toit paternel d'où l'avaient chassé
tant d'orages. Ce bon vieillard n'avait, après
Dieu, qu'un seul amour : la paix, la paix entre
tous et pour tous, c'était le besoin de sa vie, il
la voulait partout, il la voulait toujours. Sem-
blait-elle détruite un instant quelque part, rien
ne lui coûtait pour la rétablir au plus tôt.
Soupçonnait-il quelque discussion dans une
famille, quelque différend entre voisins, il ne
craignait pas d'intervenir ; c'était d'ailleurs la
mission d'arbitrage qu'il aimait et qu'il s'était
donnée, et il n'était heureux que s'il parvenait
à concilier tout le monde. Son grand âge et ses
infirmités ne lui permettant pas de reprendre un
office actif dans le ministère, il voulut bien se
charger de continuer l'éducation de ses neveux.
Augustin, pour sa part, savait déjà lire et écrire.
Son nouveau maître lui enseigna la grammaire
française et les premiers éléments du latin. Mais
il s'appliqua surtout à développer les bonnes

dispositions dont les sœurs de Saint-Joseph avaient su découvrir et féconder le germe, et il réussit sans peine à augmenter chaque jour dans l'âme du jeune élève la haine du mal, la vénération des parents, l'amour et l'attrait pour les pratiques pieuses.

Après avoir étudié près de deux ans sous la direction éclairée de cet oncle dont il était tendrement affectionné, Augustin fut confié aux soins de M. l'abbé Issartel, alors vicaire à Tence. Une telle rencontre était pour un jeune homme une véritable faveur de sa destinée. Unissant les mérites de l'esprit et du cœur au savoir le plus solide et le plus varié, M. Issartel avait toutes les qualités d'un bon maître et d'un maître supérieur. Il s'attacha spécialement à Augustin, et lui fit faire de grands et multiples progrès. M. de Rachat venait souvent s'assurer par lui-même du succès de son jeune ami, qu'il encourageait fréquemment par ses éloges ou par de petites récompenses.

VI. — Augustin avait 14 ans, lorsque Mgr de Belmont, évêque de Saint-Flour, vint faire sa visite pastorale à Tence. Ce fut là un grand événement pour des populations profondément religieuses, qui, depuis plus de quinze ans, n'avaient pas vu d'évêque. Aussi le prélat fut-il accueilli avec une joie manifeste et les démonstrations les plus empressées. Augustin fut chargé de le complimenter au nom de tous. Le compliment en vers latins par lequel il dut saluer la venue du Pontife, fut fort applaudi, notamment par M. de Rachat plus que par personne. Le digne curé jouissait avec un orgueil paternel du mérite de son jeune paroissien, dont il avait coutume de dire qu'il le voulait pour son successeur dans la cure de Tence (3).

Ce fut en cette occasion qu'Augustin reçut la Confirmation. Non content de s'y préparer avec une ferveur profonde, il s'efforçait aussi de disposer convenablement ses camarades. Il leur parlait gravement du signe d'honneur dont l'Esprit-Saint marque les élus de sa prédilection, et de la souillure infamante promise à quiconque oserait se présenter en se sachant indigne. Il ajouta un jour cette parole, dont l'impression fut vive : « Si je sortais des mains de l'évêque « avec une tache visible au front, j'en mourrais « de honte à cause des hommes qui me ver- « raient ; mais la sainte Vierge, mais mon bon « ange verraient bien la tache plus affreuse de « mon âme, si j'étais assez malheureux que « d'approcher du sacrement avec une conscience « souillée du péché mortel. »

Augustin mit deux ans à achever ses humanités. Il traduisit en latin tout l'ouvrage intitulé : *Lettres édifiantes*, et fit plusieurs compositions de rhétorique, dont il faut sans doute regretter la perte, car elles eussent fait certainement honneur à l'élève et au maître.

Nous avons dû attacher le même prix à retrouver dans la mémoire de ses contemporains et de ses amis tous les détails, quelque simples qu'ils fussent, qui nous pouvaient aider à faire revivre en ces pages cette studieuse et fervente jeunesse.

C'était à Tence, c'est-à-dire à une demi-lieue des Reymonds, que les jeunes Péala devaient aller chercher les leçons de leur maître. Pour Augustin, le temps de cette course n'était pas perdu. En allant, il cheminait le plus souvent avec quelqu'un de ses frères : on causait des devoirs, ou on apprenait les leçons. Au retour, on repassait les explications, et on méditait les enseignements du professeur. Parfois aussi, nous l'avons dit, nos écoliers marchaient en compagnie de leur mère et de Magdelaine Rosier. Alors le voyage presque tout entier s'achevait en priant. Le futur sulpicien, qui devait donner dans sa vie une si large part à la prière, se complaisait déjà dans ces pieux exercices. Il avait constamment à la bouche une invocation commençant par ces mots : « Allons, ô mon « âme, volons aux cieux ! »

En dehors des heures de classe ou d'étude, il ne se refusait pas à une promenade ou à tout autre honnête récréation : il jouait volontiers quelques instants aux boules ou aux quilles ; mais il lui fallait des jeux de cette innocence, et encore n'aimait-il pas qu'ils fussent trop prolongés. Il revenait toujours avec bonheur au devoir ; et, sans paraître jamais pressé, sachant suffire à toute chose, il accroissait chaque jour ce fond d'instruction solide, de connaissances sérieuses et variées qui fit plus tard la force et la valeur de son enseignement comme de ses écrits.

Sa conscience religieuse et sa vertu morale se développaient en même temps et au même degré que son intelligence. Il imprimait à ses habitudes une direction et une régularité sévères. Jamais il ne se permit une parole grossière ou seulement inconvenante.

Il atteignit graduellement, par la réflexion précoce, par une tendance pour ainsi dire innée à la méditation et au recueillement, il atteignit, bien jeune encore, cette sécurité de tact, cette fermeté dans la sagesse et dans la mesure qui se confondaient si heureusement en lui. Rares et précieuses qualités de naturel et d'acquis, dont tous ceux qui l'ont connu plus tard purent admirer en lui la fixité invariable et presque la perfection.

Son cœur, enfin, restait à la même hauteur que son esprit et que sa raison. En aimant sa mère comme une mère, il se sentait entraîné par tant de piété à la vénérer de plus comme une sainte ; de même, son respect pour son père n'avait d'égal que sa filiale tendresse. Soumis en toute chose à ses dignes parents, il eût voulu deviner leur moindre volonté et prévenir leur plus vague désir.

Souvent, par exemple, il se hâtait de terminer ses devoirs d'écolier, afin que son père, à qui il savait être agréable ainsi, pût le voir labourer quelques instants à ses côtés. Plus tard, il apprit à broder, pour pouvoir offrir quelque ouvrage de sa main à sa mère.

VII. — Cependant Augustin allait toucher aux dernières années de l'adolescence ; il avait déjà achevé sa rhétorique. Il vint donc au Puy vers la fin de 1805, pour y faire sa philosophie. Là, il eut pour maître M. Robin, mort plusieurs années après chanoine du Puy, et qui professait

alors à l'ancienne maîtrise de Notre-Dame (4).
Il suivit ensuite pendant deux ans le cours
de théologie que faisait M. Bauzac, dans une
des salles du Séminaire abandonné. Le jeune
Péala trouva dans ces nouvelles études un
attrait qu'il était digne de comprendre. Sa précoce maturité, son esprit sérieux et élevé, autant que sa piété toujours plus affermie, devaient
aimer les graves enseignements du sacerdoce.

Aussi obtint-il des succès si grands, qu'il
devint la joie et l'orgueil de ses maîtres. C'était
toujours lui qui portait la parole lorsqu'il s'a-
gissait de les complimenter pour le jour de leur
fête. Il se sentait enfin confirmé de plus en plus,
et sans nulle hésitation, dans la vocation depuis
longtemps sans doute entrevue.

Le Puy était sans Séminaire et sans Evêque ;
le diocèse du Puy venait d'être réuni à celui de
Saint-Flour. Augustin dut se rendre au Séminaire de Saint-Flour, où les jeunes lévites du
Velay étaient obligés d'aller compléter leur
cours ecclésiastique, et se préparer à la récep-
tion des saints ordres.

La vie commune mettait de la sorte en contact
des jeunes gens des deux pays ; une espèce de
rivalité, qui pouvait bien dépasser quelquefois
les bornes de l'émulation, les divisait en deux

partis très-tranchés. M. Péala, pour sa part, se tint toujours étranger à ces dissensions entre les Aniciens et les Sanflorains (c'était ainsi que se désignaient les deux camps, d'après leur origine) ; il s'efforça même souvent de calmer ceux de ses camarades qui lui eussent paru disposés à apporter trop de chaleur dans ces petites querelles.

Les professeurs de Saint-Flour appartenaient à la congrégation de Saint-Sulpice. M. Péala s'était trop fait aimer d'eux pour ne pas les aimer de son côté avec tout l'abandon de son généreux cœur.

Le chef de la maison, M. Levadoux, avait surtout pour lui une affection et une estime dont le jeune lévite sentait tout le prix. Ce fut dès ce moment que ce dernier forma la résolution définitive de consacrer sa vie à l'association qui lui avait donné de tels maîtres. Après avoir reçu la tonsure le 27 janvier 1807, des mains de Mgr de Belmont, et passé deux ans à Saint-Flour, également cher à ses supérieurs et à ses camarades, il dut néanmoins les quitter pour aller achever ses études au Séminaire de Saint-Sulpice, à Paris. Dans cette communauté, ordinairement composée des meilleurs élèves de tous les autres diocèses, il sut encore se faire

distinguer; un de ses professeurs n'ayant pu
continuer sa classe, on confia à M. Péala le soin
de le remplacer quelques jours.

C'est là qu'il reçut du cardinal Maury les
ordres mineurs et le sous-diaconat (21 septembre 1811), puis le diaconat (23 mai 1812).

Les notes intimes où s'épanche tout le secret
de son âme, ses réflexions et ses résolutions
écrites à chaque pas nouveau qu'il allait faire
dans la vie sacerdotale; ces effusions de piété
qu'il nous a été donné de parcourir, et où nous
puiserons le complément naturel de notre travail, diront mieux que nous ne saurions le
faire, avec quels sentiments le jeune séminariste
se donnait à son Dieu.

VIII. — Jusqu'en 1812, il y avait eu au Puy,
nous l'avons indiqué, une école de théologie seulement, mais pas de Séminaire complet. Ce fut
alors que Messieurs de Saint-Sulpice se déci-
dèrent à y former l'établissement important qui
existe aujourd'hui, et qui, depuis cette époque,
a rendu au diocèse de si inappréciables services.
M. Péala appartenait désormais de cœur et pour
toujours à cette agrégation éminente, dont l'esprit convenait de tous points à sa raison tout
à la fois pratique et recueillie, à ses aptitudes si

calmes et pourtant si actives, à sa nature enfin,
où se confondait admirablement le zèle le plus
persistant avec la modestie la plus vraie.

Nul, du reste, plus que lui, n'était fait pour
comprendre, pour goûter cette vie d'abnégation
et cette œuvre de sainte propagande où le savoir
et le travail portent des fruits de tous les jours,
cette vie et cette œuvre où se combinent, dans
une proportion si large, quelques rapports avec
le monde qui a besoin que l'organisation religieuse lui soit souvent visible, et la retraite
fréquente qui donne seule les hautes pensées
par la méditation, les solides vertus par le recueillement.

Il était certainement prédestiné de haut à
exercer lui-même cette direction éclairée qui
discipline au profit du pays tout entier les plus
nombreuses recrues de la tribu sacerdotale, il
était certainement prédestiné à sa tâche future,
celui qui devait n'y jamais faillir, celui qui
devait, pendant trente ans, réaliser, au sentiment de tous, le vrai modèle du supérieur ecclésiastique.

On nous saura gré, nous n'en voudrions pas
douter, d'associer à l'hommage que nous
essayons de lui rendre, cette modeste et pourtant glorieuse maison de Saint-Sulpice, murée,

si on peut le dire, pour le public superficiel, murée dans son calme et dans son silence, et dont le bienfait général ne serait estimé tout son prix que le jour où elle viendrait à manquer tout-à-coup aux multiples besoins de la France chrétienne.

Nous n'avons point, il est vrai, mission pour redire toutes les vertus et toutes les lumières, le dévouement infini et le savoir caché émanés chaque jour de ce foyer vivifiant ; mais qui ne sent sa féconde influence, qui n'apprécie son action si visible et si belle dans ce Clergé si généralement exemplaire, depuis la plus humble paroisse de village, jusqu'aux régions les plus élevées de l'épiscopat ?

M. Péala, nous l'avons déjà dit, comprit tout d'abord et aima cette grande œuvre ; il allait bientôt y participer d'une façon directe et permanente.

Le supérieur du nouveau Séminaire du Puy, M. Terrasse, demanda et obtint de M. Duclaux, supérieur général, qu'on lui concédât M. Péala. Le simple diacre qui n'avait pas encore vingt-trois ans, fut nommé à la chaire de philosophie le 14 octobre 1812, par M. Jaubert, qui s'était mis à la tête de l'administration diocésaine.

IX. — Ce fut l'année d'après, le 18 septembre 1813, qu'il fut ordonné prêtre à Mende, par Mgr de Mons, évêque de ce diocèse. Ses dispositions admirables revivent encore dans les pages mystérieuses dont nous avons déjà parlé ; pages du cœur, de la prière et de la conscience, qu'on nous saura gré de citer ailleurs, et que nous ne saurions suppléer ici. Elles diront suffisamment comment se fait un saint prêtre ; elles diront ensuite comment le jeune homme, adolescent d'hier, devient par la volonté, par la méditation, par la vertu religieuse, un professeur plein de maturité et de virile sagesse.

Le jeune maître enseigna, pendant cinq ans, successivement la philosophie, le dogme et la morale ; et ses leçons, sérieusement travaillées, furent toujours remarquées, comme elles le méritaient.

Rappelé à la fin de 1818 à Paris, pour y faire sa solitude (on désigne ainsi le noviciat des sulpiciens), il accomplit tous les devoirs de ces temps de retraite avec une pieuse ardeur dont ses condisciples ont tous gardé mémoire. Au sortir de la solitude, il fut nommé professeur de morale au Séminaire même de Saint-Sulpice, à Paris. Il retrouva dans cette carrière l'unanime applaudissement qu'avait déjà rencontré, dès le début, son enseignement si clair, si précis, si studieux, si sagace et si sûr.

Mais le vide qu'il avait laissé au Puy se faisait de plus en plus sentir ; les regrets qu'il y avait laissés déterminèrent M. Chaillou, alors Supérieur, à le demander à M. Duclaux, qui ne put résister longtemps aux demandes réitérées qui lui furent adressées. Il savait pourtant tout ce qu'il perdait en consentant au départ de celui qu'il appelait son François de Sales, ayant eu plus d'une fois occasion de dire qu'en son jeune collaborateur il trouvait du saint évêque la douceur, la modestie, l'aménité, la bienveillance, et, pour ainsi parler, le vivant souvenir.

Arrivé au Puy, M. Péala choisit la classe de dogme, et laissa celle de morale à M. Carria, qui était plus âgé que lui. Là encore il continua, comme toujours, sa moisson de haute estime et d'affection croissante.

Enfin, en 1824, M. Chaillou ayant été transféré à Bayeux, M. Péala, dont le mérite était déjà tellement apprécié, fut appelé à remplacer son vénérable ami ; il n'avait pourtant alors que 34 ans.

Mgr de Bonald, depuis cardinal-archevêque de Lyon et primat des Gaules, alors évêque du Puy, et qui avait pour M. Péala une estime, une affection toutes spéciales, vint en personne lui annoncer la nouvelle de sa nomination. L'éminent Pontife était plein de joie : « Le roi « est mort, dit-il, vive le roi ! » et il remit au nouveau Supérieur les lettres qui lui conféraient le titre de grand-vicaire.

III

I. — Ce double témoignage de confiance, ces honneurs rapides et pourtant mérités, trouvèrent M. Péala mûri, malgré son âge, mûri pour les plus graves et les plus importantes missions, par sa piété, par son humilité surtout, par sa raison si droite et par son cœur si excellent. Ayant, pour le succès dans les choses humaines, plus d'indifférence encore que de dédain, sans fouler aux pieds, avec ce mépris hautain qui n'est pas toujours dénué d'orgeuil, les vanités de la terre, il est plus juste de dire qu'il les comprenait peu. Quand on sait placer sa destinée à de certaines hauteurs dans le monde moral, quand on a donné à sa vie le but céleste et caché aux regards vulgaires, on n'a même pas besoin de repousser avec indignation et colère les séductions du monde : on ne les entend pas.

Exempt de tout égoïsme et de toute personnalité, M. Péala acceptait donc le devoir pour le devoir, les positions élevées pour leurs obligations plus sévères, les tâches difficiles pour leurs difficultés même ; il acceptait les fonctions qui exigent impérieusement étude et sagesse, science et vertu, avec le pouvoir et la volonté de les bien remplir.

Arrivé si promptement au poste laborieux où devait s'user sa vie entière, il était dès lors ce qu'il devait être toujours. Sa piété développée presque naturellement, son savoir accru sans cesse par ses travaux plus personnels ou par les nécessités du professorat, son jugement droit et impassible, affermi sur le détachement des ambitions, des illusions et des mondaines espérances ; les qualités du cœur enfin, la bienveillance, la compréhension sympathique de tous les besoins et de toutes les faiblesses d'autrui, quelque chose de paternel déjà, qui lui était pour ainsi dire inné, tout en faisait l'homme de sa nouvelle mission.

II. — Il était, avons-nous dit, dès lors, ce qu'il devait être toujours. C'est donc peut-être

ici le lieu de s'arrêter quelques instants encore
sur quelques détails, et d'achever de le peindre
comme homme, puisque nous pouvons espérer
que les pages qui précèdent ont suffisamment
fait connaître les religieux bonheurs de ses
premières années, la studieuse piété de son
adolescence et la précoce valeur de sa jeunesse.

Il était certainement, par nature et par volonté, tout le contraire de ce qu'on appelle un
homme brillant. Mais sa grâce, à lui, c'était la
bonté; son agrément extérieur c'était la douceur;
il était prévenant, il était affable, mais surtout,
et par-dessus tout, il était doux et bon. L'ensemble de ses manières, sans apprêt, comme
était en lui toute chose, une certaine lenteur
apparente, et enfin, dans la diction, quelque
monotonie, ne laissaient pas suffisamment pressentir, dès le premier abord, toute la distinc-
tion et toute la portée de son intelligence. Il eût
pu compenser sans peine, et, si on ose le dire,
racheter aisément, par les ressources ingénieuses
de sa causerie, l'extrême parcimonie de tout
effet et l'insuffisance à se faire remarquer des
dehors. L'observation fine et délicate, la saveur
souvent spirituelle du discours eussent même
emprunté en lui quelque chose de piquant au
contraste qu'on eût pu y trouver avec la bonhomie

suivant quelques-uns excessive, de ses allures
et de son extérieur. Mais cela lui était si indifférent, il tenait si peu à faire éclat et à capter
les jugements du monde ! Il semblait même garder pour l'intimité modeste, pour les entretiens
de la récréation avec ses chers disciples, et ses
pensées les plus attrayantes, et ses inspirations
les plus élevées.

Nous ne voudrions pas garantir qu'à l'occasion, et s'il l'eût bien voulu, dans le fond de
cette bonhomie dont nous venons de parler, il
n'eût pas su trouver quelque causticité sans
amertume et quelque malice sans fiel. N'y
avait-il pas en lui du La Fontaine un peu,
du La Fontaine sans la paresse et sans la
sensualité ? Un imperceptible grain d'ironie ne
se cachait-il pas parfois, bien innocemment
à coup sûr, et en compagnie d'une avenante
bienveillance, dans le plus petit pli d'un sourire
à peine indiqué ? Enfin, lorsqu'il se trouvait,
par le hasard de ses fonctions, en face de quelque personnage un peu tuméfié, en présence de
quelque importance officielle disposée peut-être
à juger de haut, et sur la simple écorce, un si
modeste interlocuteur, quelque inoffensive épigramme à peine entrevue, ne bourdonnait-elle
jamais à l'oreille du grave moraliste et du patient

observateur ? Mais l'abeille rengaînait son dard,
l'épigramme ignorait la piqûre. Ce sont là,
d'ailleurs, de timides suppositions, des hypo-
thèses à nous très-personnelles. De la causticité,
de la malice, une veine de légère ironie dans
la pensée de ce sage ! Qui s'en pouvait douter ?
Lui, certes, moins que personne. Et s'il s'en
fût rendu compte, grand Dieu ! comme il eût
repoussé cette terrible invasion des mauvais
penchants de l'homme ! La discipline, peut-
être, eût fait sévère justice des perfides inspirations du malin, et le bon sulpicien aurait été
bien honteux d'avoir failli se trouver plus d'esprit que de charité.

III. — La chose donc qui lui fut par-dessus
tout et toujours étrangère, ce fut la prétention, la
prétention à un degré quelconque, et tout ce qui
s'y rattache par quelque côté que ce soit. S'il
semblait de la sorte cacher sa vie dans sa modestie, c'est qu'il était humble et voulut rester
toujours humble. L'humilité, il semblait l'apprécier non-seulement comme une vertu, mais
comme un attrait des âmes . Après l'avoir pra-
tiquée de manière à la faire aimer, il en a encore
parlé de manière à la faire admirer.

Il a aussi défini quelque part, avec justesse,

la pédanterie, *qui affecte des airs fiers et hau-tains*; la pétulance, *qui ne peut supporter aucune parole de correction ou de plaisanterie;* l'affetterie, ou *manière de parler, de se tenir, d'agir, peu naturelle, prétentieuse et trop recherchée.*

On peut bien dire avec toute raison qu'il parlait en ces matières, et qu'il parlait très-parfaitement, de ce qu'il ne connaissait pas.

Mais combien il est plus abondant, plus complet, plus à l'aise, comme il paraît mieux sur son propre terrain, et comme on sent qu'il se complaît davantage, dans les pages écrites, sur la vertu en général, et sur des vertus particulières : sur l'humilité, par exemple ; sur la piété filiale, sur l'obéissance, la reconnais-sance, l'affabilité, la véracité, la force, la magnanimité, etc.

Nous ne pouvons nous refuser à nous-même le plaisir d'en reproduire dès à présent quelque chose. Citer d'ailleurs certaines pages, certains aperçus tout empreints de la personnalité d'un écrivain, c'est encore le peindre comme homme. Ceux-là qui, comme M. Péala, ont le bonheur d'écrire avec leur âme plus encore qu'avec leur intelligence, font souvent ainsi, à leur insu, leur propre biographie.

L'humilité, écrit-il quelque part (*), est une vertu qui règle, conformément aux lumières de la raison et de la foi, l'opinion que nous devons avoir de nous-mêmes, l'estime que nous en devons faire, et l'amour que nous devons nous porter...

.....Pour prouver l'excellence et la nécessité de l'humilité, il nous suffit de rappeler ici l'exemple que Notre-Seigneur nous a donné de cette vertu, depuis le moment de son incarnation jusqu'à celui de sa mort : *Exinanivit semetipsum, formam servi accipiens*, et les passages suivants qui nous montrent l'humilité comme le fondement essentiel de toute vertu, de toute perfection, de toute sainteté et de toute gloire : *Qui se exaltaverit humiliabitur. Deus superbis resistit, humilibus autem dat gratiam. Nisi efficiamini sicut parvuli non intrabitis in regnum cælorum.*

Le vice directement opposé à l'humilité et le plus dangereux de tous les vices capitaux, est l'orgueil..., Le vice qui lui est opposé par un excès tout contraire, est la pusillanimité, ou une humilité extérieure déplacée ; car la véritable humilité n'est point opposée à la magnanimité et à la grandeur d'âme. Elle ne nous fait rechercher l'abjection qu'autant que le permettent la raison et les convenances. Bien loin d'apporter le désordre, elle met chaque chose à sa place ; elle est une vertu intérieure qui s'allie avec la grandeur et la dignité extérieures, mais qui en détache le cœur. L'expérience nous apprend qu'il n'y a que les âmes humbles qui soient véritablement généreuses ; elles n'attendent rien d'elles-mêmes, mais

(*) Dix-huitième conférence. p. 32—33.

elles attendent tout de Dieu, leur espérance et leur soutien.

Comment donc n'eût-il pas pratiqué l'humilité, celui qui la savait si sainte et qui la montrait si belle !

.....La reconnaissance, dit-il encore (*), est une vertu qui nous fait compenser le bienfait reçu de la manière et autant que la droite raison et les convenances l'exigent.

Les principaux actes de cette vertu sont d'estimer le bienfait, de le recevoir de bonne grâce, d'aimer à le publier, d'en conserver le souvenir, et de le reconnaître dans l'occasion par des services réels. La reconnaissance est le propre d'une âme généreuse et d'un bon cœur. Un moyen assuré d'obtenir de Dieu de nouvelles faveurs et des faveurs plus abondantes, c'est d'être reconnaissant de celles que nous avons déjà reçues ou qui nous ont été offertes ; comme aussi le moyen infaillible de gagner l'estime et l'affection de ses semblables, c'est de leur témoigner de la gratitude pour ce qu'ils veulent bien faire pour nous.

Le vice opposé à la reconnaissance est l'ingratitude, vice justement odieux, dénotant une âme basse et un cœur rétréci qui n'aime que lui-même. Ne faire aucun cas d'un bienfait, l'oublier, chercher à le rabaisser, offenser celui à qui on le doit, et surtout s'en servir contre lui, ce sont là choses monstrueuses qui excitent la colère de Dieu et des hommes.

Cette page n'est-elle pas visiblement encore

(*) Dix-huitième conférence, p. 32-33.

l'expression d'une âme aussi digne d'inspirer la
reconnaissance qu'incapable d'y jamais faillir ?
Ses pieux ressouvenirs pour les bienfaits de ses
dignes parents, de ses maîtres vénérés, et notamment de MM. de Rachat, Issartel, Doutre,
Bauzac, etc., attestent assez l'accord de sa propre
pensée, de sa vie entière avec ses excellents
écrits.

S'il nous parle maintenant de l'AFFABILITÉ,
qui ne le sentira revivre lui-même dans ces
sages enseignements ?

C'est, dit-il, une vertu qui rend notre conversation
aimable et agréable au prochain, en même temps
qu'elle la lui rend utile et profitable. Son office est
de régler notre extérieur, et surtout nos paroles et
nos gestes, conformément à toutes les règles de la
douceur, de la modestie et de la civilité chrétienne.
Saint Paul nous la recommande quand il nous a dit :
*Unusquisque vestrûm proximo suo placeat in bonum
ad ædificationem* ; et ailleurs : *Quæcumque sunt vera,
quæcumque pudica, quæcumque justa, quæcumque
sancta, quæcumque amabilia... hæc cogitate!*

Il est aisé de voir que cette vertu d'affabilité est
surtout nécessaire à tout ecclésiastique ; ce qu'il
aurait dans ses manières et son langage de dur, de
rebutant, d'offensant, d'incivil, pourrait nuire considérablement au succès de son ministère... Cependant,
comme malgré nos efforts nous ne serons jamais
parfaits, et que nous donnerons beaucoup à souffrir
aux autres, nous devons du moins être singulière-

ment indulgents à leur égard et souffrir patiemment leurs défauts, comme nous voulons qu'ils supportent les nôtres.

Continuons toujours cet inventaire des vertus dont le saint prêtre portait en lui le modèle :

LA VÉRACITÉ. — Elle est une vertu qui nous porte toujours à parler conformément à notre pensée, et à faire constamment un usage sincère des signes que la Providence a mis à notre disposition pour manifester nos sentiments.

La nécessité de cette vertu est fondée sur ce que la vérité est un des liens les plus importants et les plus nécessaires de la société. Qu'elle disparaisse de là terre, et les hommes cesseront d'avoir confiance dans les rapports qu'ils ont les uns avec les autres, et tout sera désordre dans la société.

En conséquence, dans le commerce de la vie humaine, les hommes se doivent mutuellement la vérité, et ils se la doivent toujours, parce que le mensonge ne saurait être permis. Ce qui ne veut pas dire cependant qu'ils se doivent toute vérité et la manifestation de toutes leurs pensées ; car il est bien des choses que la charité et la prudence font un devoir de taire. Ceux qui prétendent excuser, sur leur franchise, l'imprudence de leurs paroles ou les saillies de leur mauvaise humeur, comprennent bien mal cette vertu, et la blessent bien loin de la pratiquer. La prudence doit se combiner avec la véracité, de manière à observer le temps de parler et celui de se taire, selon cette parole de l'Esprit-Saint : *Tempus tacendi, tempus loquendi....*

Cette parfaite notion des douces vertus évan-

géliques se complète bientôt et s'agrandit encore
par l'étude des vertus d'une autre nature qui
constituent aussi l'héroïsme chrétien.

....La force, dit plus loin notre généreux autant
que modeste docteur, la force peut être considérée,
ou comme vertu générale, ou comme vertu particulière et cardinale.

Comme vertu générale, elle est une habitude qui
affermit notre âme contre les difficultés qu'elle rencontre dans la pratique du bien. En ce sens elle est
commune à toutes les vertus ; car, de même que la
prudence y est requise pour distinguer ce qui est
bien de ce qui est mal, de même la force y est nécessaire pour en venir à l'exécution. La vertu, qui
est par elle-même chose haute, selon l'enseignement
des philosophes, est, de plus, difficile surtout depuis
la chute. « Considérez toutes les vertus les unes après
« les autres, dit le Père Grenade, la prière, le jeûne,
« l'obéissance, la tempérance, la pauvreté d'esprit,
« la patience, la chasteté, l'humilité, vous verrez
« qu'elles ont toutes avec elles quelques difficultés,
« et que l'amour seul de la vertu ne suffit pas sans
« la force pour les pratiquer. » La Providence l'a
voulu ainsi, afin qu'elles fussent le sujet de nos combats, de nos triomphes et de notre gloire. La force
est tellement inséparable de la vertu, que ces deux
mots : *force* et *vertu*, *fortitudo et virtus*, sont comme
synonymes. « Le premier nom que la vertu ait porté,
« dit, après Cicéron, Guillaume de Paris, est celui de
« force. Le mot vertu signifie l'un et l'autre. » De là
vient que nos livres saints ne cessent d'animer notre
courage et de nous rappeler qu'il en faut pour con-

quérir le royaume des cieux : *Viriliter agite et confortetur cor vestrum....* *Confortamini et nolite timere....* *Regnum cœlorum vim patitur et violenti rapiunt illud.*

Comme vertu cardinale, la force est une vertu particulière qui, dans les occasions difficiles, prémunit notre âme contre tout excès de crainte et de hardiesse.... Elle a pour fin de donner à ces deux passions opposées le juste tempérament qu'il leur faut, surtout dans les circonstances où il est difficile de les garder. Ainsi lorsqu'il s'agit, par exemple, de la mort, qui est de tous les maux celui que la nature redoute davantage, la force en modère, d'un côté, la crainte excessive, et réprime, d'un autre côté, la hardiesse immodérée qui porterait à se précipiter inconsidérément dans les périls....

Il n'est personne qui ne voie combien la vertu de force, ainsi entendue, est nécessaire à un prêtre, surtout dans les circonstances où nous nous rencontrons. Jamais le saint ministère n'avait offert tant de difficultés et demandé autant de sacrifices....

La force a deux fonctions : attaquer et soutenir, combattre et supporter. D'une main elle tient le glaive, de l'autre le bouclier.... La première de ses fonctions, qui est d'attaquer et de combattre, a plus d'éclat que la seconde, et elle est plus honorable aux yeux des hommes ; mais la seconde est plus difficile et plus méritoire. La raison est qu'on n'attaque d'ordinaire qu'un plus faible que soi, tandis que celui qui nous attaque est ordinairement plus fort. C'est pourquoi le docteur angélique enseigne, après Aristote, que ceux qui endurent les choses fâcheuses sans se laisser abattre sont les plus forts de tous, et méritent par-dessus tous les noms de vaillants et de braves. Tels sont les martyrs: ils ont enduré les tourments, les opprobres de la mort ; mais leur âme a été invincible, elle a triomphé de tous les tyrans, de leurs promesses et de leurs tortures.

..Parmi les vertus annexées à la force, la magnanimité est, comme son nom nous le dit assez, l'élévation d'une âme aux grandes choses....

....L'homme étant créé pour Dieu, pour le posséder et le glorifier dans l'éternité ; le chrétien étant fait pour suivre Jésus-Christ, pour l'imiter dans ce monde et pour être associé à sa gloire dans le ciel ; le prêtre ayant pour mission de continuer sur la terre le ministère que le Fils de Dieu y a exercé, d'y administrer les choses saintes, de sauver les âmes, l'homme, le chrétien, le prêtre, sont faits tous les trois pour de grandes, pour de très-grandes choses: la magnanimité devrait donc être comme leur vertu naturelle ; et le prêtre, qui a ces trois fins à la fois, devrait la posséder dans un degré éminent.

C'est la magnanimité qui a fait nos héros chrétiens, je veux dire nos saints martyrs, nos saints apôtres, nos confesseurs, nos vierges ; héros incomparables qui ont triomphé de ce qui avait subjugué les plus grands du paganisme : l'amour des biens de la terre, de ses honneurs et de ses plaisirs.

..Loin que la magnanimité soit opposée à l'humilité, ces deux vertus ont entre elles une grande conformité et une dépendance réciproque. En nous inspirant des actions dignes de gloire, la magnanimité ne nous en attribue pas le mérite ; elle rapporte tout à celui qui en est l'auteur véritable..... à Dieu lui-même.....

Il n'y a que les âmes humbles qui soient véritablement magnanimes.

IV. — Qui s'étonnerait, en voyant que l'humilité profonde du cœur peut laisser tant de nobles fiertés dans l'âme, qui s'étonnerait que le pieux moraliste eût mis la joie de sa vie à se faire humble partout, avec tous et toujours ? Qui ne juge combien il peut y avoir de bonheur à pratiquer saintement un devoir, même difficile, quand on est digne de le comprendre ainsi ? Et qui ne sent que, pour peindre avec toute vérité ces belles vertus chrétiennes, l'écrivain n'avait qu'à regarder en lui-même ?

Aussi croyons-nous, par ces quelques pages de citations, avoir heureusement simplifié notre tâche. On connaît déjà, nous osons le penser, l'homme dont nous voulons faire revivre l'image. Et les indifférents même pourraient-ils le connaître de la sorte et sous son vrai jour, sans incliner quelque peu à l'aimer ?

Sa vie usuelle était d'ailleurs la mise en action permanente de ces évangéliques doctrines. Sa conscience, sa croyance, son christianisme invincible, inondaient ses œuvres et ses écrits d'une même lueur et d'une même tendresse. En outre des belles vertus morales et abstraites,

il avait toutes ces qualités de relation qui font
vénérer l'ami, chérir le maître. Avec des amis,
son accueil était plein d'une effusion contenue,
son commerce égal autant que sûr, son dévouement sans bornes et sans bruit. Avec les infé-
rieurs, son gouvernement était paternel toujours
et admirablement mesuré, suivant les nécessités
de chacun. Ses ordres avaient la forme d'un
simple conseil, et ses conseils toute l'autorité
d'un ordre.

En de telles conditions, quelle ne dût pas être
l'influence de ses enseignements, de ses avis, de
ses écrits ou de ses exemples, sur ces générations successives qui, pendant quarante ans,
passèrent par ses mains, reçurent ses leçons de
professeur, ou s'inclinèrent sous sa direction de
Supérieur.

Que ne peut-on le montrer dans le détail de
ce gouvernement, dont lui-même semble indi-
quer le caractère en définissant la clémence,
c'est-à-dire :

L'indulgence du Supérieur compatible avec la raison, la justice, la bonne discipline, le bien de l'administration et l'édification publique.

Il s'était formé du prêtre une notion élevée et
pratique à la fois, et tout tendait, dans sa pensée
et dans son ministère, à réaliser ce type de

vertu réelle et de sainteté possible. Et comme le
succès couronna ses efforts! Combien ont eu
raison tous ses panégyristes, en lui faisant une
magnifique part dans le bien accompli depuis
quarante ans au milieu de ce diocèse. Les prélats
vénérés qui l'ont tour-à-tour honoré de leur
confiance et de leur amitié, les prêtres les plus
éminents par leur savoir et leur vertu, qui ont
tous proclamé la beauté et l'efficacité de ses
exemples, ne se sont-ils pas complus à faire
remonter jusqu'à lui, jusqu'aux durables inspirations du Séminaire, les mérites de ce digne
clergé dont il fut le maître ou le modèle ?

Que leur enseignait-il donc à toute heure, à
tout âge, depuis les jeunes années de son professorat jusqu'à cette rapide vieillesse hâtée par
le zèle et le travail, jusqu'à ce lit de mort où se
sont reconfortés de sa patience, de sa piété, de
son abnégation, tant de témoins en larmes ? —
Ce qu'il leur enseignait, ce serait long à redire ;
mais ici ses écrits nous aideront encore.

Chaque page de lui nous l'atteste, sa vie
entière nous le confirme ; à ses yeux, pour le
prêtre, la supériorité intellectuelle acquise était
un devoir, le travail une prière, le savoir une
indispensable vertu.

« J'ai passé, s'écrie-t-il avec l'auteur sacré, j'ai

« passé dans le champ du paresseux, et il était plein
« de mauvaises herbes ; les épines en couvraient la
« surface, et l'enceinte de pierres qui devait l'envi-
« ronner était renversée. » Ainsi, ajoute-t-il, comme
un prêtre laborieux est un trésor pour l'Eglise,
un prêtre paresseux serait une véritable calamité.

Et ce n'était pas pour les vaines joies de la
science et l'alimentation de l'orgueil, qu'il con-
seillait les veilles laborieuses ; c'était pour le
succès du saint ministère, pour l'édification et
l'instruction des âmes.

Qui pourra, dit-il encore, révoquer en doute l'obligation pour un pasteur d'instruire, s'il fait attention
que l'ignorance est aujourd'hui la grande plaie de la
société. On étudie et on sait beaucoup de choses ;
mais on ne connaît pas la religion. De là, l'indifférence à son égard, une négligence coupable et
toute sorte de désordres. Un pasteur qui instruit
avec zèle ramènera la foi parmi son peuple ; car ce
n'est qu'ainsi que vient la foi : *Fides ex auditu*, dit
saint Paul....

Il insiste, en conséquence, sur l'obligation
qu'il y a pour le pasteur de cumuler la piété, la
science et le zèle.

....*La piété*, pour attirer les grâces du ciel sur ses
instructions et n'être pas : *Æs sonans aut cymbalum
tinniens*. Comment un pasteur serait-il un guide sûr
dans la route de la sainteté, s'il ne suit pas lui-même
cette route ?

La science. — « La conduite des âmes, dit saint

« Grégoire, est l'art des arts : *Ars artium regimen*
« *animarum.* » Pour bien s'acquitter du devoir de
les instruire, il ne faut pas seulement la connaissance de l'Ecriture sainte..., de la théologie dogmatique, morale et ascétique.... de l'histoire ecclésiastique et de la vie des Saints...., il faut la connaissance des hommes, de leurs passions, de leur caractère, pour se mettre à leur portée, pour leur dire ce
qu'il faut et ne leur dire que ce qu'il faut, le tact
des convenances...., une certaine facilité d'élocution;
mais surtout, il faut au prêtre la connaissance de
Jésus crucifié, parce que c'est celle-là qu'il doit
communiquer aux autres.

Le zèle, enfin, car toute instruction qui n'aurait
pas pour motif réel la gloire de Dieu et le salut des
âmes, *a déjà reçu sa récompense,* dit le Seigneur.
« Malheur, dit saint Bernard, à celui qui, dans ses
« prédications, se recherche lui-même et recherche
« les applaudissements des hommes. » Ce qui dis-
tingue les hommes apostoliques, c'est le zèle pour le
salut du prochain....

Il voulait donc, de toutes les forces de sa
volonté, qu'en s'inclinant devant le caractère
sacré du ministre des autels, on pût honorer en
lui cette dignité de la vie qu'embellit le travail
et que couronne l'intelligence.

Il voulait, nous l'avons encore vu, que le
prêtre fût humble et fort, affable et magnanime,
reconnaissant et doux. Il voulait qu'il eût la
piété, la science et le zèle ; qu'il fût toujours

fidèle à la tempérance; qu'il éloignât bien loin
jusqu'au soupçon de ces grossiers appétits,

.... De ce vice si avilissant, dit-il, pour un homme
raisonnable, si nuisible aux biens de l'âme et du
corps...., si contraire à la sainteté de notre état et à
la recommandation que nous fait Notre-Seigneur
dans les paroles suivantes : *Attendite ne graventur
corpora vestra, crapulâ et ebrietate et curis hujus
vitæ.* Et il flétrit ailleurs, avec saint Paul, ceux qui
se sont faits non les serviteurs de Dieu mais de leur
ventre, ceux qui de leur ventre se sont fait leur Dieu.

C'est encore la patience, la persévérance, la
justice et la charité, ce sont toutes les vertus
morales qu'il sait décrire avec un charme particulier, qu'il recommande, qu'il impose, pour
ainsi dire, à ces jeunes âmes dont il est le pasteur inquiet; voilà l'enseignement de ce maître
au moment suprême où se décident irrévocable-
ment les vocations du sacerdoce. Or, ces bons
écrits restent; son inspiration n'a pas disparu
tout entière; ceux qui viendront encore marcher
dans le sentier qu'il a frayé quarante ans, ne
seront pas déshérités de tout commerce avec lui ;
il travaillait pour le présent chaque jour, et
chaque jour aussi pour l'avenir.

Mais à ceux qui l'ont vu à l'œuvre, à ceux
qu'il a gouvernés, combien sa parole était moins
nécessaire ! Qu'avait-il besoin de recommander

la piété, quand on le voyait prier; le travail,
quand on le voyait à sa tâche; la sagesse, quand
on pouvait contempler sa vie?

En tout ce qu'il enseignait il n'avait point de
restrictions à faire au profit de sa personnalité.
Ni sa position, ni son âge, ne lui devenaient
prétexte à faire autrement que ses subordonnés.
S'il leur demandait le calme, la sérénité, la pla-
cidité de la bonne vie, c'est qu'il avait tout cela ;
la sobriété, c'est qu'il était sobre; la vigilance,
c'est qu'il était vigilant ; le savoir, il avait énor-
mément appris, il apprenait toujours. Il se levait
le premier, il surveillait toute chose ; il trouvait,
sans se presser jamais, le temps de tout faire :
prier, administrer, gouverner, suffire à tous les
entretiens, à toutes les relations nécessaires avec
ses collaborateurs, avec les élèves, avec les
familles, avec les domestiques.

Il n'éludait jamais une visite sous raison qu'il
était pressé; il ne négligeait pas un détail, par
ce motif qu'il aurait eu à dominer tout l'ensemble. Il donnait aux élèves la plupart des heures
de la récréation, et les accompagnait le plus
ordinairement dans leurs promenades. Il les
aimait tout d'abord, il s'en faisait aimer pour
toujours.

Ses travaux de cabinet prenaient dans son

existence une place qui ne faisait défaut pour
aucune autre chose. Il avait trouvé le moyen de
donner à la journée plus de vingt-quatre heures :
c'était là le prodige de sa régularité matinale, de
son horreur pour le temps perdu, de sa haine
de l'oisiveté. Un seul exemple de cette régularité : ses parents se rappellent combien il les
reçut souvent son chapelet dans une main et sa
montre dans l'autre.

V. — Après ces données générales, le détail
et l'emploi de son temps, la répartition des heures dans une vie si uniformément et si saintement réglée, méritent sans doute d'être mis en
lumière. Ce programme exemplaire peut devenir
un précieux modèle de la vie ecclésiastique et,
dans tous les cas, un sujet d'édification pour
tout le monde.

Il se levait, nous l'avons dit, avant la communauté, c'est-à-dire, en tout temps, avant cinq
heures. Chaque lundi, il se rendait plus matin
encore à l'église, pour suivre les stations du
chemin de la croix ; cet exercice lui prenait une
demi-heure. Il donnait ensuite un quart d'heure
à l'adoration du très-saint Sacrement ; puis une
heure entière à la méditation de quelque parole
ou de quelque mystère de l'Evangile. Il célébrait

alors le saint sacrifice, et les émotions de son âme à l'autel, visibles et comme lumineuses sur son pieux visage, donnaient chaque jour aux assistants un sujet d'admiration nouvelle. Après le sacrifice, il offrait, pendant une demi-heure, son action de grâces, et ne quittait jamais les pieds de l'autel que la messe qui avait suivi la sienne ne fût entièrement achevée. Enfin, s'il n'avait pas dit l'office du matin avant de sortir de sa chambre, c'est par là qu'il terminait les exercices de la première partie de la journée.

Ces pieux devoirs accomplis, l'étude avait aussi sa part. Avec cette fermeté et cette sérénité que donnent à l'esprit la droiture et la quiétude du cœur, il travaillait jusqu'à midi, à moins qu'il ne fût interrompu, ce qui arrivait souvent, et qu'il dût se prêter aux communications des personnes de la maison, ou répondre à l'imprévu du dehors. Or, il était si appliqué et si heureux dans ses préoccupations studieuses, qu'on eût dit qu'il n'était fait que pour elles. On le trouvait, d'autre part, si affable, si volontiers expansif et si doux dans ses rapports d'affection ou de simple convenance, qu'on l'eût pu croire exclusivement doué pour la conversation et pour les relations d'amitié, de courtoisie ou de charité.

A midi, il se recueillait pendant un quart

d'heure, comme pour sanctifier le milieu de la journée et raviver dans son âme la pensée de son Dieu.

Aux repas, comme à la récréation, toujours ponctuel et régulier, il donnait encore toute sorte d'exemples. Son détachement ou sa modération dans la satisfaction des goûts naturels, s'alliaient, dans une proportion exquise, avec sa simplicité facile et l'engageante bonté qu'il prodiguait pour tous. Il montrait en lui le type parfait de cette vertu des bons entretiens dont il a écrit :

Qu'elle donne à nos récréations la charité, la décence, la retenue et la joyeuseté convenable.

Et qu'elle exclut d'autre part :

La taciturnité, la mauvaise humeur et la mélancolie qui nous rendent à charge aux autres.

Nul ne sut en effet, mieux que lui, l'art d'unir le charme et le conseil, l'agrément et l'édification dans tous ses entretiens. Parmi ses disciples, jeune de cœur autant que les plus jeunes, il était encore, aux dernières années de sa vie, l'âme des honnêtes délassements.

Les exercices pieux du soir recommençaient, et les prémices en revenaient à la Mère de Dieu. On récitait en commun le chapelet. Les Vêpres venaient ensuite, et l'étude se faisait de nouveau place dans cette sainte vie. Sauf une suspension pour l'office à quatre heures, elle durait alors jusqu'à cinq heures et quart.

Mais bien qu'il se laissât absorber tout entier avec amour dans ses travaux, dont la plupart ont porté de précieux fruits et laissé de durables souvenirs, au besoin, il n'en était pas moins tout aux autres.

C'est là qu'on venait chercher à l'envi l'appui et le bienfait d'une raison supérieure, un conseil toujours prêt, toujours intelligent, parfois austère, toujours tempéré des grâces de la bonté.

A six heures et quart, il renouvelait sa visite au très-saint Sacrement. Il y préparait, si on ose parler ainsi, en tête-à-tête avec Dieu, les avis qu'il avait à donner, dans l'exercice suivant, à ces jeunes hommes qui l'appelaient leur père.

Ici s'accomplissait plus spécialement l'œuvre de sagesse et de prudence, l'œuvre véritablement admirable d'un gouvernement paternel. Ne tolérant aucun désordre, réprimant tout abus, il donnait, avec une simplicité et une onction qui n'excluait ni la précision ni la fermeté, des instructions qui devenaient la loi. Sa justice, qui se tenait à des hauteurs où ne pouvait l'atteindre aucune controverse, son expérience, devant laquelle s'étaient inclinés tour-à-tour

presque tous les hommes les plus distingués du
clergé, son savoir, que chacun appréciait,
puisque chacun y avait puisé une part de ses
propres lumières; tout cela, combiné avec les
tendresses bien connues de son âme, tout cela
constituait cette mystérieuse puissance qui ne se
délègue pas : l'autorité. Tout pliait sous l'ascendant de sa raison; jamais Supérieur ne fut à la
fois plus aimé, plus craint, mieux obéi. Il avait
réalisé, à force de vertu, le pouvoir absolu du
respect.

Dans les deux dernières années de sa vie seulement, ne pouvant plus se promener pendant
toute la récréation du soir, il montait un moment dans sa chambre et alternait quelque lecture avec la prière ; mais il ne manquait pas de
revenir se joindre à la communauté pour la
prière du soir, et n'oubliait jamais de donner
un sujet de méditation pour les jours marqués.

Après une dernière visite au sanctuaire, il
revenait dans sa chambre, accomplissait encore
quelques dévotions, et allait enfin prendre un
repos légitimé, sanctifié par les pieux labeurs
de la journée.

Voilà son œuvre de tous les jours.

Les jours de fête, il se plaisait, plus qu'on ne
peut le dire, à assister à tous les offices de

l'église. Il n'y manquait jamais, et il aimait unir sa voix à celle des jeunes lévites dans le concert des chants sacrés. La pompe des cérémonies, l'harmonie des voix qui répétaient les divines louanges, toute cette poésie sensible de la religion et de la prière parlait à son cœur et lui versait de secrètes délices. Il n'eût rien épargné pour donner plus d'éclat aux solennités du culte, et il s'efforçait d'inspirer le même goût à ses élèves. Toute sa pensée à cet égard vit encore dans ces paroles élevées :

Comme il n'y a rien d'aussi grand que Dieu, et que Dieu seul est grand, il est bien juste que la magnificence éclate surtout, et autant que les circonstances le permettent, dans les temples qui lui sont consacrés, dans les vases et ornements qui servent à son culte, et dans tout ce qui rappelle le souvenir de ses bienfaits. La MAGNIFICENCE n'est donc pas une vertu qui soit étrangère au sacerdoce. De nombreux monuments attestent qu'elle ne lui a manqué dans aucun siècle, et nous serions bien malheureux si nous dégénérions en ce point des sentiments de nos pères.

Sous l'inspiration de ces idées, malgré les embarras pécuniaires du Séminaire, malgré les urgents travaux et les réparations considérables auxquelles il fallait pourvoir, il accordait beaucoup à la parure des autels, et ne craignait pas,

par exemple, de consacrer 1,000 fr. à l'achat
d'un beau ciboire. C'était là le luxe de sa prédilection ; cependant que, pour lui-même, il ne
trouvait rien d'assez simple, et que sa chambre
restait dénuée même des plus vulgaires ornements. En maladie, il avait recours à un fauteuil
d'emprunt. Il n'eut jamais de pendule ; une hor-
loge de campagne et son timbre rustique, suf-
fisaient à lui raconter fidèlement la suite des
heures. Le seul attrait de ce réduit, c'était une
bibliothèque sérieuse : des livres à la modeste
et solide enveloppe, bien lus et relus, fréquemment feuilletés, et chers à leur studieux pos-
sesseur.

Si l'on ajoute maintenant que le digne prêtre
se confessait régulièrement une fois par semaine,
qu'il était toujours prêt à entendre les confes-
sions des autres, et que c'était encore là une des
tâches considérables de son ministère, cette vie
et cette âme seront déjà plus qu'à moitié connues
et estimées à leur prix.

VI — En dehors de cette tâche quotidienne
de méditation, d'oraison et de prière, les retraites
annuelles devenaient aussi pour M. Péala un
grand événement moral ; il y consacrait de longues heures à former des résolutions nouvelles,

à réviser celles qu'il avait pu prendre antérieu-
rement, à voir surtout comment il les avait observées. Ces bilans périodiques de la conscience
et de la vertu, cet inventaire du bien spirituel
avaient à ses yeux un tel attrait et une telle importance, qu'il sentit le besoin de les renouveler plus souvent. Aussi s'imposa-t-il encore un
jour de retraite particulière chaque mois. C'est
là qu'il s'efforçait de puiser, dans le commerce
le plus intime avec Dieu, les moyens d'avancer
toujours dans la perfection, les moyens de sur-
monter les difficultés, de supporter avec rési-
gnation et patience les inquiétudes, les contra-
riétés, les véritables chagrins inhérents à la
charge dont il portait et sentait tout le poids.
Nul, en effet, en lui, n'a pu connaître ces bles-
sures de la vertu dans le combat de la vie, dont
le chrétien ne fait qu'à Dieu sa plainte. Que de
déceptions cependant, que d'obstacles aux amé-
liorations projetées, que de surprises douloureuses venant tout-à-coup, par la main des
événements, renverser nos légitimes espérances,
briser nos pieuses affections, contrister enfin nos
âmes dans ce qu'elles ont de plus généreux et de
meilleur, c'est-à-dire l'aspiration vers les voies
de Dieu même. Tous ces démentis que donne la
Providence à nos courtes sagesses, ces épreuves

5

qu'elle ne nous épargne pas même dans le droit
chemin, même dans les tentatives faites pour le
bien, même dans l'accomplissement si souvent
contrarié de ce qui doit finir quelquefois par
réussir, tout cela demande impérieusement que
nous ayons recours à un plus grand, à un
plus fort que nous. L'homme du monde aura
pour lui ses risibles prudences, ses expériences
d'un jour, ses infaillibilités de hasard. Le faux
sage subira stoïquement, et avec un héroïsme
de parade, ce qu'il appelle la loi du destin ; il
se courbera plus ou moins bas devant un stu-
pide néant, et se dira le glorieux vaincu de la
fatalité. Le prêtre, avec moins d'orgueil, a plus
de dignité ; il ne dégrade pas la pensée de
l'homme devant le hasard ; il s'humilie simplement devant Dieu ; pour toute philosophie il a
la prière. M. Péala s'était donc assujetti à de
fréquents retours. Il frappait souvent avec
amour à la porte du Conseiller suprême. L'examen des notes intimes dont nous avons déjà
parlé nous montrera ce qu'étaient ses retraites,
combien surtout il y demandait exclusivement
toute prudence, toute vertu, toute leçon, tout
exemple aux enseignements et à la vie du divin
docteur. Il priait surtout, et véritablement on
peut dire qu'il était arrivé graduellement à faire

de sa vie une prière. Il reconnaissait à la prière une puissance sans bornes. Il semblait croire que la prière universelle eût pu dominer toutes les péripéties des destinées humaines ; il lui eût volontiers attribué le gouvernement des mondes. Pour tout le bien à réaliser qui réclama son initiative ou son concours, il vit du moins, dans l'oraison, un lent mais infaillible instrument ; et quand le succès eut, dans plusieurs circonstances, accru sa confiance en la justifiant, il avait coutume de dire que les obstacles ne prouvaient rien, au contraire, contre le mérite d'un projet, que les œuvres de Dieu ne s'accomplissaient pas sans résistance, que les difficultés étaient une épreuve nécessaire aux bonnes inspirations, qu'il n'y avait qu'à prier ; et si ces obstacles, ces difficultés, ces résistances paraissaient augmenter, à prier encore, à prier davantage.

Il eut fréquemment besoin de cette persistance durant le cours de sa mission de Supérieur ecclésiastique ; il en eut besoin dans les détails même secondaires, comme dans les déterminations les plus importantes qu'il lui fut donné de prendre pour la prospérité du Séminaire ou pour le bien général du diocèse.

Dans l'ordre du premier de ces intérêts, il faut surtout noter les nombreuses et considérables acquisitions faites par lui, pour donner aux bâtiments du Séminaire d'utiles accessoires ou plus d'indépendance. Au moment où la mort l'a atteint, — nous ne saurions dire surpris, — il projetait en ce point de grandes choses, accroissements ou réparations qui lui semblaient encore indispensables. Il voulait arriver notamment à ce que chaque séminariste eut sa chambre, à ce que surtout, en temps de retraites sacerdotales, on fût suffisamment au large pour offrir à tous les prêtres une demeure convenable.

La bibliothèque avait eu aussi une large part de ces sollicitudes. A son entrée au Séminaire, elle comptait à peine quelques centaines de volumes; aujourd'hui elle en a plus de dix mille.

Dans l'intérêt plus général du diocèse, son œuvre extérieure de prédilection, sa grande œuvre, celle où toute sa fermeté de résolution et sa persistance eurent particulièrement à s'exercer, ce fut la fondation du Petit-Séminaire de la Chartreuse.

VII. — En 1815, de hautes notabilités du clergé tentèrent déjà d'établir un petit séminaire au Puy même (au lieu dit *de Gouteyron*, où sont aujourd'hui les Frères) ; mais cette tentative fut impuissante contre des difficultés de toute na-

ture. La nouvelle création n'eut que quelques
semaines de durée. Il semblait presque impossible de réussir là où les hommes si distingués
dont nous parlons avaient échoué. Cependant
on sentait, d'une façon bien générale et bien
vive, la nécessité d'avoir une maison d'enseignement où les jeunes gens qui se destinent à
l'état ecclésiastique pussent recevoir une éducation appropriée aux besoins du sacerdoce, et
être convenablement préparés pour le saint
ministère.

M. Péala, plus que personne, était rempli de
cette pensée ; il ne se découragea pas de l'in-
succès de ses prédécesseurs ; il croyait aux puissances de la volonté, et surtout à celles de la
prière. Il recommanda ses projets aux prières
des séminaristes et de diverses maisons religieuses ; il pria lui-même, et surexcita son propre zèle en éveillant celui des autres. Enfin, de
concert avec le Supérieur et les autres professeurs du Séminaire, il acheta, le 10 novembre
1816, l'enclos dit *de Charbounouse*. Il avait
choisi pour faire cette acquisition, et lui donner
une date précieuse, le jour de la fête de saint
Georges, apôtre du Velay, patron spécial du
Séminaire.

On avait déjà exécuté quelques travaux d'agencement dans la maison nouvellement acquise , en reconnaissant toutefois, sur plusieurs points, l'insuffisance des locaux pour leur destination. Ce fut alors qu'une partie, — la plus considérable, — de l'ancienne Chartreuse de Brives, fut mise en vente. La situation de ces beaux édifices, sur le confluent de la Borne et de la Loire, la grandeur des bâtiments, la parfaite convenance des dispositions, l'étendue du parc et des jardins séduisirent M. Péala dès sa première visite. Il comprit, il apprécia tout d'abord le charme du site, les agréments du paysage, et tous les avantages divers que l'ancien monastère offrait à la création future. Sans hésiter un moment, sans même se donner le temps de réfléchir, il acheta immédiatement, et s'en remit du reste à la Providence.

Ce premier achat et ceux qu'il fallut faire ensuite, avec les constructions et les agencements d'appropriation, dépassèrent la somme de 150,000 fr., que M. Péala était loin d'avoir à sa disposition. Mais, nous l'avons dit, il comptait résolument sur la Providence, il la mettait volontiers en tiers dans l'accomplissement des œuvres méritoires, et tout prêt à reconnaître à plus puissant que lui le mérite du succès, il se sentait protégé de plus haut que la terre. La

main mystérieuse dont il invoquait le concours
ne lui fit pas défaut. Il n'eut guère que sa res-
ponsabilité à engager et des avances à faire.
Près de 80,000 fr. furent soldés de diverses
contributions du Séminaire ou des libéralités de
quelques généreux bienfaiteurs, et, en fin de
compte, ces dons et les bénéfices réalisés dans
l'administration de l'établissement compensèrent,
à peu de chose près, le déboursé primitif.

Mais n'anticipons pas, et revenons aux premiers temps et aux premières difficultés de la
fondation.

Tout n'était pas résolu par l'acquisition des
bâtiments. Quelques influences tenaient pour
l'enclos de Charbounouse, qui motivait leurs
préférences par sa proximité de la ville, et aussi
en raison des dépenses d'établissement déjà
commencées. On déféra le dissentiment au Supérieur de Saint-Sulpice ; la décision resta longtemps en suspens ; on renouvela l'examen com-
paratif des lieux, on reprit plusieurs fois le
débat et l'enquête des diverses opinions, sans
arriver à conclure. M. Péala, comme toujours,
priait et espérait de la prière. Enfin, dans le
mois de juillet 1818, l'administration ecclésiastique de Saint-Flour rendit l'ordonnance qui
autorisait Messieurs de Saint-Sulpice à organiser

un petit séminaire dans les bâtiments de l'ancienne Chartreuse. M. Péala, dans sa joie du succès, pressa d'autant plus les travaux de réparations, et le 3 novembre suivant, le Séminaire put être ouvert. Dès le premier jour, on y installait quarante élèves, et la Providence, tant invoquée, tint si bien à M. Péala les promesses de ses espérances que, dès la troisième année, le nouvel établissement comptait deux cent cinquante élèves. Le but était atteint; le résultat devait rester; l'établissement devait vivre. La prière avait suscité la Providence; la Providence avait béni le zèle.

VIII. — Sent-on assez tout le prix d'une institution solide qui, visant à l'éclat et aux apparences, bien moins qu'au résultat définitif et au grand but moral, a pu, depuis trente-cinq ans, sous la direction d'intelligences supérieures, recruter chaque jour, aussi bien dans les rangs du cultivateur aisé que dans ceux de la bourgeoisie, presque toutes les saintes vocations du sacerdoce ?

Qui ne voit tout ce qu'il y a, dans une telle organisation, de propice à la formation d'un clergé homogène, régulier, fraternel ? — Et, pour la bonne administration du diocèse, pour l'intelligente répartition des sujets suivant les aptitudes diverses bien connues, combien de conditions favorables dans cette continuité de la règle et de la surveillance, qui, sous le patronage attentif de l'Evèque, sous la direction et l'inspiration identique des Supérieurs, conduit le prêtre des jours de l'enfance à ceux de l'ordination, du seuil de ses premières classes à celui du ministère actif !

Le Petit-Séminaire, pépinière féconde où les mêmes vertus se développent à la fois sous la même culture, prend l'enfant simple, pieux, facile de mœurs, d'habitudes et de besoins, tel que l'a fait le plus souvent la vie primitive du foyer domestique ; sans le déplacer, sans lui ouvrir d'horizons lointains, il l'instruit, le gagne au bien, l'élève à la notion du bon plus encore que du beau, et le façonne, en un mot, complètement aux saints devoirs.

Il l'a pris au pays, il le rendra au pays ; l'enfant modeste et doux sera un humble et digne prêtre. Il retournera, sans regret et sans déception, à ces montagnes où il a reçu la vie, pour y répandre en tout lieu cette parole de paix que le plus éloquent des Pères, que saint Jean Chrysostôme, ou *bouche d'or*, appelle magnifiquement la PROCLAMATION DIVINE ; pour y vivre et pour y mourir en pratiquant et enseignant l'Evangile, science suprême et suprême vertu !

Il sait, pour l'avoir vu de près, le dur travail, la condition rigoureuse, les âpres destinées. Son enfance à lui, plus heureuse d'une modeste aisance, a pourtant déploré, secouru, aimé quelquefois, sous le chaume voisin de sa propre demeure, l'être humain opprimé par d'épouvantables misères ou d'indicibles ignorances. Eh bien ! à ces hameaux qu'il n'a pas oubliés, messager compatissant et fidèle, plein de cet esprit de Dieu qui civilise, bénit et console la terre en lui donnant l'espoir du ciel, il rapportera, lui prêtre, le bon exemple, l'utile conseil, l'humble et fraternelle aumône, tout ce qu'il a, tout ce qu'il sait, tout ce qu'il peut. La science, le génie et la gloire, tout ce qu'on sait de plus grand parmi les hommes, en ferait-il autant ?

Ainsi, la fondation de la Chartreuse et quarante ans de professorat ou de gouvernement ecclésiastique, voilà le résumé saillant de la vie active de M. Péala. Organiser un enseignement spécial pour le jeune lévite destiné aux autels, compléter le prêtre dans les hautes études et les religieux exercices du Grand-Séminaire, voilà, nous le répétons, la double tâche qu'il aima, qu'il lui fut donné de préparer pour les autres ou d'accomplir par lui-même.

Qui s'étonnerait, en présence de cette œuvre, et après les détails que nous avons donnés touchant le gouvernement, les exemples et toutes les qualités personnelles du digne Supérieur, qui s'étonnerait que sa longue et si utile existence lui eût acquis une considération hors ligne auprès· de son évêque, une influence tout-à-fait à part sur le clergé tout entier, et non-seulement sur ses collègues dont il était l'ami vénéré, non-seulement sur cette jeunesse ecclésiastique dont il était l'honneur, l'amour, le conseil et l'appui, mais encore sur le pays auquel il appartenait par son origine, par sa vie, ses ouvrages et ses estimables concours dans l'œuvre religieuse des quarante dernières années ? Quel prêtre, enfant du Séminaire de Notre-Dame du Puy eût voulu, par sa faute ou sa négligence, laisser rompre ou se relâcher les liens d'affection, de sollicitude et de respect qui l'unissaient au vénérable maître ! Qui, dans un moment de langueur, d'affliction ou d'épreuve, eût manqué de visiter ce consolateur, d'aller lui demander son conseil, son appui ou son recours bienveillant auprès de l'autorité ? Sa pensée, qui lui survit encore, avait conquis pour jamais ses nombreux disciples ; son esprit les anime toujours : il n'en sera pas oublié.

Il arriva souvent qu'au moment d'être or-
donnés prêtres, plusieurs de ses plus affectueux
disciples allaient à lui et demandaient, en se
prosternant, qu'il voulut bien les bénir. Et lui,
maître et docteur de leur pieuse jeunesse,
exemple jusqu'au bout, lui, confus d'être ainsi
vénéré, mais n'osant refuser, il tombait à genoux, lui aussi, pour donner sa bénédiction
sainte. Quel symbole transparent d'une vie et
d'une âme : l'humilité qui s'agenouille quand la
sainteté ne peut se refuser à bénir ! — Qui n'ad-
mirerait une si belle et si touchante image ? qui
ne comprendrait qu'elle restera éternellement
vivante dans plus d'une mémoire ? qui s'étonnerait que nous disions encore du bon Supérieur :
il ne sera pas oublié !

Qui s'étonnerait de la déférence profonde, de
la respectueuse sympathie que ses pairs dans le
sacerdoce, que les anciens eux-mêmes dans le
saint ministère, lui gardèrent toujours comme
un hommage exceptionnel et un tribut volontaire ?

IV

1. — Si nous avons eu le bonheur de faire apprécier, dans son ensemble, dans sa vertueuse activité, la destinée uniformément utile du vénérable Supérieur, il importe maintenant d'énumérer tout au moins, et de caractériser en quelques mots ses ouvrages.

On ne s'attend pas à ce que nous en produisions ici une analyse régulière et proportionnée à l'importance de chacun d'eux. Un tel travail excèderait les limites qu'il convient d'assigner à ce petit livre, tout aussi bien que celles de notre compétence. Ce qui se rattache mieux à notre plan et au sujet tel qu'il nous appartenait de le traiter, c'est de montrer, surtout comme exemple du travail assidu, cette seconde portion de la vie du saint prêtre, cachée derrière l'autre pour ainsi dire ; la vie de cabinet après l'action

extérieure, les labeurs du studieux théologien
après ceux de l'administrateur, son commerce
intime avec les livres après ses communications
sans cesse obligées avec tout le monde ; voilà ce
qui nous semble intéressant à étudier en même
temps que les rapports flagrants de la nature de
l'homme avec les inspirations de l'écrivain.

M. Péala a successivement publié : 1° *Règles
de conduite à l'usage des Séminaristes ;* 2°
Manuel à l'usage du diocèse du Puy ; 3°
Instructions pratiques sur les Indulgences ;
4° enfin, et c'est là sans doute son titre le plus
considérable à la haute estime dont jouit notre
auteur dans l'enseignement ecclésiastique, les
Conférences du diocèse du Puy.

Les deux premiers recueils sont des ouvrages
de piété pratique empreints de cette sagesse de
conseil, de cette juste mesure, de cette raison
persuasive qu'on admire toujours dans l'existence même de leur auteur. L'habitude d'une
sainte vie s'y traduit en bonnes inspirations
pour le lecteur ; tout y révèle le maître qui a su
donner l'exemple avant la leçon.

II. — Le *Traité des Indulgences*, en outre
de l'énumération authentique nécessitée par le
sujet, contient une partie dogmatique justement

appréciée pour la sûreté de la doctrine et la solidité de l'argumentation.

La nature des indulgences, la haute valeur, l'explication, et, si on peut le dire, la justification philosophique de ce bienfait du catholicisme, y sont brièvement mais solidement établies. Deux courtes citations, empruntées à l'avertissement de la neuvième édition de ce petit livre, en feront connaître et l'intention et le sujet :

....Le mot seul d'indulgence, dit M. Péala, console, réveille le courage et donne des forces. Ce sentiment devient plus vif à mesure qu'on le voit mieux fondé ; ce n'est pas ici, en effet, une institution humaine : les indulgences remontent à une source plus élevée. Elles nous viennent de Jésus-Christ, auteur et consommateur de notre foi, elles sont, si on peut s'exprimer ainsi, comme le trop-plein de ce trésor inépuisable qu'il a formé de ses satisfactions surabondantes, et où il nous permet de puiser autant que nous le voulons sincèrement. Faire connaître *ce don de Dieu*, et faciliter les moyens d'en profiter, c'est là tout notre livre. A ce titre, il se recommande à tous les fidèles, et particulièrement aux élèves du sanctuaire, et aux prêtres dans le saint ministère, si intéressés à connaître et à pratiquer les premiers ce qu'ils ont à apprendre ou à recommander à autrui,

....Un recueil d'indulgences transformé en livre de prières, ajoute-t-il plus loin, et un manuel de piété renfermant, avec l'indication des indulgences et les

éclaircissements convenables, les prières et les pratiques auxquelles elles sont attachées, nous a paru
le moyen le plus efficace de populariser les indulgences et de les rendre salutaires aux chrétiens. Daigne
le Seigneur bénir les instructions destinées à faire
connaître qu'il est bon, et que sa miséricorde n'a
pas de fin !

L'auteur explique ensuite, dans la première
partie de l'ouvrage, *la nature et les effets des
Indulgences, leur institution, leur caractère,
leurs conditions diverses.*

Dans la seconde partie, les *Indulgences* sont
énumérées avec soin et sagacité. Puis, à chaque
pas, se produisent les instructions et les notions
pratiques entremêlées de prières choisies par
un goût parfait et la plus intelligente piété.
Beaucoup de ces prières et toutes les instructions
spéciales sont l'œuvre de M. Péala. Elles font
connaître en lui cette onction pénétrante et cette
douce émotion de cœur dont sa parole était si
prodigue dans la direction des âmes. On y sent
enfin, cachée sous la simplicité du discours,
toute une tendresse et religieuse poésie accessible
aux plus humbles.

Parmi les *principaux exercices du chrétien*
qui complètent ce livre, il faut signaler particulièrement, comme l'œuvre d'un puissant esprit, la *Méthode de l'oraison mentale.*

Cette discipline de la méditation et de la prière atteste une force d'intuition métaphysique, une vigueur d'analyse psychologique aussi précieuses que rares. Le maître à penser connaît à fond le gouvernement de la volonté dans l'entendement. La concentralisation spirituelle lui est assez familière pour qu'il en détermine pres-que infailliblement la règle et le moyen. Sa méthode est visiblement la conquête d'une pratique personnelle, assidue de l'oraison; il fallait, en effet, la posséder avec plénitude pour la décrire avec cette netteté.

III. — Les Conférences du diocèse du Puy sont, comme nous l'avons dit, l'œuvre capitale de M. Péala. Suivant le plan qu'il avait en vue, et qu'il annonce modestement dans son introduction générale, les *Conférences* devaient former :

Un cours élémentaire, il est vrai, mais assez complet de théologie. Cette entreprise, ajoutait-il, nous l'avouons avec la conviction la plus intime, est beaucoup au-dessus de nos forces ; mais nous la croyons utile et dans l'ordre de la Providence. Puisse-t-elle contribuer à ranimer parmi nous l'émulation pour les saintes études et le double désir de *la charité qui édifie et de la science dont les lèvres des prêtres doivent être dépositaires.*

6

Avec cette visée si modeste et presque timide,
M. Péala, résumant les conférences anciennes
du diocèse, dont l'origine remonte à l'année
1633, dépouillant les cahiers des nouvelles
rétablies en 1827 par Mgr. de Bonald, alors
évêque du Puy, les coordonnant, les révisant,
les complétant sur une infinité de points, donnant enfin la vie à ces matériaux précieux mais
sans forme, sans style et sans mesure, M. Péala
est arrivé à doter la science ecclésiastique d'un
véritable monument qui tiendra désormais un
utile milieu entre les grands cours de théologie
et les abrégés tout-à-fait sommaires. Emanés
d'un esprit aussi droit, aussi sage, aussi juste
et publiés par ordre des évêques, ces traités,
d'un facile accès, d'une lucidité rare et d'une
irréprochable doctrine, rendent aujourd'hui des
services bien généralement appréciés. Ils sont
fréquemment cités dans les ouvrages nouveaux,
et des professeurs éminents leur ont maintes
fois rendu toute justice, en déclarant que les
Conférences du Puy répondaient à un véritable
besoin souvent senti par eux.

Une analyse spéciale de ses importantes publi-
cations n'est pas, nous le répétons, de notre
ressort ; il convient cependant, même après les
extraits que nous en avons déjà donnés, et qui

ont sans doute suffi à faire connaître la manière précise, le sentiment généreux, l'onction toute sacerdotale de l'écrivain, il convient de signaler particulièrement comme très-complets, comme véritablement et absolument réussis, le Traité du Péché originel, celui du Dimanche ; comme remplis de force et souvent d'élévation, le Traité de la Justice et celui des Lois. Dans ces deux traités surtout, l'argumentation est d'une puissance pour ainsi dire massive. Elle avance avec lenteur, mais avec assurance ; elle pose le pied sur le sol qu'elle conquiert, rudement quelquefois, mais irrésistiblement, *sicut bos*. Dans quelques sorties contre le philosophisme incrédule, ou contre le protestantisme, les phalanges serrées d'un raisonnement sans prétention, font des trouées qui restent béantes et ne se referment plus.

Tout cela est depuis longtemps ainsi apprécié par les maîtres, par des juges d'une véritable et solide compétence.

Pour nous, nous inclinons aussi volontiers vers les sujets dont la simplicité et l'affectuosité font la valeur et le charme. Ces traités des vertus où nous nous sommes complus à puiser nos premières citations, nous semblent particulièrement propres à faire aimer l'écrivain, à élever dans l'esprit du lecteur la notion du sacerdoce et de sa beauté souveraine, à faire vénérer enfin, par le prêtre ou le lévite même, leur mission présente ou future.

Des définitions très-claires et souvent très-belles dans leur simplicité, des aperçus d'un irrésistible bon sens ou d'une inspiration large et haute, reposent souvent comme d'heureux imprévus dans l'aridité de la matière. En veut-on la preuve? La vertu a été maintes fois définie avec plus ou moins de bonheur; de grands écrivains ont exprimé exactement, mais longuement et non sans peine, ce qu'elle est, par ce qu'elle vaut ou par ce qu'elle peut faire. Bernardin de Saint-Pierre, par exemple, dit avec justesse, mais sans concision et sans aucun relief : « La vertu est un effort fait sur nous-« même pour le bien d'autrui, dans l'intention « de plaire à Dieu seul. »

M. Péala, lui, écrit tout simplement, avec un parfait naturel et une exquise vérité : « La vertu « est une bonne habitude de l'âme. » — Et s'il s'agit de définir les vertus morales actives : « Elles sont, dit-il, la pratique habituelle du vrai « bien. » — Quoi de moins cherché, de mieux dit, de plus avenant et de plus prime-sautier que ces deux bonnes paroles !

Veut-on entendre, après cela, la pensée grave, ferme, toute pleine de la dignité du chrétien et du sage, lisons plus loin ces lignes :

....Il faut reconnaître, avec les Saints Pères, que la raison est le plus beau présent que Dieu ait fait à l'homme, puisque c'est elle qui élève l'homme au-dessus des animaux pour lui donner de la ressemblance avec les anges et avec Dieu lui-même ; c'est elle qui l'établit roi de la terre, qui le rend capable de faire de grandes entreprises, d'apprendre les sciences, de connaître Dieu, de recevoir ses communications et de le posséder pendant l'éternité. Elle est une émanation de l'intelligence divine et une lumière que l'homme a dans sa propre substance pour être éclairé et dirigé dans tous ses rapports avec son créateur, avec les créatures et avec lui-même.

Dans l'état d'innocence, la lumière de la raison était sans nuage, et l'empire qu'elle exerçait sur l'homme ne rencontrait aucun obstacle ; mais le péché originel lui porta une atteinte funeste. Les passions de l'homme, jusque-là soumises à la raison, se révoltèrent contre elle, l'environnèrent de ténèbres, et sans l'éteindre, l'affaiblirent considérablement et l'assujettirent à l'ignorance et à l'erreur. Dieu, quoique irrité contre l'homme pécheur, ne laissa pas de venir au secours de la raison affaiblie, il lui donna pour appui la révélation, en lui manifestant la vérité de sa propre bouche.

Ne sont-ce pas là ces inspirations supérieures qui font de la religion la plus haute des philosophies ?

Ailleurs, dans l'étude des fins de l'homme, dans l'examen des bonheurs auxquels il aspire, nous retrouvons tous ces sentiments des temps modernes, le vague de l'âme, l'angoisse de l'inconnu, la soif ardente de l'invisible ; tout cela pris dans le plus vrai de la nature, et donné comme preuve de nos destinées surhumaines :

....Dieu est la fin dernière de l'homme, parce que l'homme a été créé pour Dieu, et que Dieu, tout Dieu qu'il est, n'a pu, sans manquer à ses perfections et à sa gloire essentielle, créer l'homme pour un autre que pour lui-même. *Omnia propter semetipsum operatus est Deus.* Dieu est la fin dernière de l'homme, parce que, de même que l'homme vient de Dieu, de même il va à Dieu, principe et *fin* dernière de toute créature : *Ego sum* A *et* Ω *principium et finis.* Dieu est la fin dernière de l'homme, parce que l'homme doit toujours tendre vers Dieu comme vers son centre, rapporter tout à sa gloire, et n'avoir d'autre maître que lui : *Omnia in gloriam Dei facite. Dominum Deum tuum adorabis et illi soli servies.* Dieu est la fin dernière de l'homme, parce que c'est dans son Dieu que l'homme trouve son repos, son souverain bien et sa véritable béatitude. « Vous nous avez faits pour vous, Seigneur, s'écriait « saint Augustin, et notre cœur sera toujours dans « l'agitation et l'inquiétude, jusqu'à ce qu'il se « repose en vous : » *Fecisti nos ad te Domine et irrequietum est cor nostrum donec requiescat in te.* « Mon Dieu et mon tout ! » s'écriait avec autant de vérité que de piété le grand saint François d'Assise :

Deus meus et omnia. Enfin, Dieu est la fin dernière de l'homme, non-seulement parce qu'il l'a créé, mais encore parce qu'il l'a racheté, et qu'il l'a *racheté à grand prix : Empti estis pretio magno.*

Cette vérité est tellement fondamentale, que c'est sur elle que roulent toutes les autres vérités : elle est le principe de toute la doctrine chrétienne, de toute la vie spirituelle, de toute la théologie morale.

....D'un côté, l'homme trouve en Dieu, qui est à la fois la suprême vérité et le souverain bien, de quoi satisfaire pleinement les deux désirs insatiables de vérité et de bonheur qui l'agitent et le tourmentent sans cesse.... Et d'un autre côté, il ne trouve le bonheur nulle autre part ; il ne le trouve ni dans les biens de la terre, qui sont les richesses, les honneurs, la puissance ; ni dans les biens du corps, qui sont la beauté, la force et les plaisirs ; ni dans les biens de l'âme, qui sont la science et la vertu, car ces biens sont bornés et fragiles, et celui qui les possède ne laisse pas d'*être rempli de beaucoup de misères* (Job). La vertu est, il est vrai, la voie qui conduit au bonheur véritable ; elle l'a pour récompense dans l'autre vie ; elle ne nous rend heureux dans celle-ci que parce qu'elle répand en notre âme la douce espérance des biens futurs ; mais ce n'est point en elle que l'esprit de l'homme peut trouver son repos et sa fin dernière. Il n'y a aucun bien créé où il n'y ait vanité et affliction d'esprit : *Vidi cuncta quæ fiunt sub sole et ecce universa vanitas et afflictio spiritus?* (Eccles.)

On objectera peut-être que l'esprit humain n'est point infini, et qu'en conséquence, il peut trouver son bonheur ailleurs qu'en un bien infini.

Mais quoique l'esprit humain soit borné et fini en lui-même, il est infini dans ses désirs....

....*La béatitude formelle de l'homme consiste dans la possession ou jouissance de Dieu....*

....Les Saints Pères ont écrit des livres entiers sur le bonheur des saints dans le Ciel ; ils nous disent tous, avec saint Augustin : *Ubi Deus erit omnia in omnibus, ipse finis erit desideriorum nostrorum quia sine fine videbitur, sine fastidio amabitur, sine fatigatione laudabitur.*

Les Souverains Pontifes ont souvent défini ce point de doctrine....

L'enseignement des théologiens n'est pas moins unanime....

Enfin, la raison explique et confirme la même croyance. D'après l'idée qu'elle nous donne du véritable bonheur, l'âme jouit d'une béatitude parfaite quand elle possède pleinement tout ce qu'elle peut désirer, quand elle a la souveraine jouissance du souverain et unique bien, et quand elle lui est unie de la manière la plus intime et la plus délicieuse. Or, en voyant Dieu tel qu'il est, l'esprit voit clairement, sans effort et dans sa source, toute vérité ; en l'aimant avec transport, le cœur aime toute amabilité, toute beauté, toute perfection ; en nageant dans un fleuve de paix et dans un torrent de délices, l'âme est au comble de tous ses désirs ; elle aime, elle loue, elle bénit sans se lasser jamais, le Dieu infini qui en est l'auteur. Toutes les facultés de l'âme sont donc pleinement satisfaites par la vue de Dieu, par l'amour de Dieu, par la joie qu'elle éprouve.... La vue de Dieu rend présente à l'âme l'essence divine ; l'amour l'identifie avec elle, selon la maxime de saint Denis : *Amor transfermal amantem in amatum*; la joie qu'elle goûte est la joie elle-même du Seigneur, selon ces paroles : *Intra in gaudium Domini*; c'est-à-dire que toute abîmée en Dieu, et en quelque sorte édifiée, l'âme est heureuse du bonheur de Dieu même.

Concluons donc que la vision intuitive de Dieu commence la béatitude des Saints, que l'amour la perfectionne, et que la joie, la paix et le repos la complètent et la consomment.

Ces citations, parlant elles-mêmes bien mieux que nous ne saurions faire, nous dispenseront d'insister sur les caractères les plus saillants de l'œuvre qu'il s'agissait de faire connaître ; elles révèlent la clarté dans l'élévation, et la simplicité la plus digne jusqu'au milieu des magnificences abstraites de la théologie.

Nous les continuerions bien volontiers encore, si nous n'avions déjà dépassé peut-être des limites qu'il convient de respecter. Ces extraits, pris pour ainsi dire au hasard, permettront toutefois de se faire, des *Conférences*, une idée suffisante.

Plus que toute chose, cette suite de traités importants met en complète lumière le tact, la juste mesure, le sens pratique et droit, la force et la sérénité d'un esprit élevé et en pleine possession de lui-même.

Cette piété de bon sens, cette droiture confiante en Dieu, c'est bien là tout entier ce christianisme fait d'amour et de sagesse dont l'esprit
est si grand, dont le cœur est si doux.

IV. — Il nous reste peu de chose à dire des
autres écrits de M. Péala. Ces sermons, qui portent l'empreinte de toutes ses solides qualités,
ces écrits épars où chaque jour se répandait une
portion de son âme, tant de travaux inachevés
que la mort a interrompus, ne le feraient pas
mieux connaître sans doute. Il faut pourtant
redire encore combien tous les documents
recueillis, combien tous les matériaux préparés
témoignent d'infatigables recherches et de veilles
laborieuses dans cette vie pleine de tant d'autres
devoirs.

« Il est difficile, dit un juge compétent en ces
hautes questions, M. le chanoine Sauzet, il est
difficile de se faire une idée de la masse de matériaux qu'il était parvenu à se procurer, et de
tout ce qu'il a recueilli d'intéressant pour l'histoire locale.

« Quand la mort l'a surpris, il s'occupait avec
ardeur de la vie de Mgr de Galard ; plusieurs cahiers en avaient été rédigés ou par lui
ou sous sa direction.... Il faudrait déplorer

amèrement que tant de nobles efforts dussent rester inutiles.... Le grand évêque, le confesseur, le martyr, eût eu un panégyriste digne de lui !...

« Dans les *Conférences*, ses pages sur les martyrs de la foi sont un véritable monument élevé à la gloire du clergé de ce diocèse. Cet ouvrage témoigne, plus que tout autre peut-être, de l'activité intelligente prodiguée par M. Péala dans tous ses travaux, et nous montre ce qu'eût été la vie de Mgr de Galard, objet de ses vives et constantes préoccupations.... »

Or, non-seulement le digne Supérieur donnait à ses propres travaux cette infatigable vigilance, mais il offrait encore à ceux des autres le plus précieux et le plus bienveillant concours.

« Il avait, dit encore le même et intime témoin de sa laborieuse carrière, il avait cherché à ranimer parmi les ecclésiastiques le goût des études et des recherches historiques. On lui doit l'établissement, dans les *Conférences diocésaines*, d'une section qui devait s'en occuper exclusivement. Il avait, à cet effet, rédigé un utile et intelligent questionnaire. Il n'était pas d'encouragements qu'il ne tînt toujours à la disposition de ceux auxquels il connaissait le goût de ces belles études. Livres, manuscrits, correspondance, et tous les bons conseils, il n'épargnait, il ne refusait rien. »

Les ecclésiastiques ne seraient pas seuls à attester comme à regretter cette généreuse complaisance et ce sympathique aiguillon.

C'est sur ses instances, et à l'aide des matériaux par lui coordonnés, que M. Faillou composa la vie de M. de Lantages, ancien Supérieur du Séminaire, et c'est M. Péala lui-même qui fit réimprimer le *Catéchisme* si estimé de son vénérable prédécesseur.

En 1824, il avait fait publier le *Graduel* et le *Vespéral du Diocèse* en petit format, pour qu'il pût être mis entre les mains de tous; une hymne du Samedi-Saint manquait : M. Péala la composa lui-même.

En 1826, il publia un *Manuel pour le Jubilé général*.

Enfin, aux derniers temps de sa vie, il s'occupait aussi d'écrire l'histoire de Mlle Martel, fondatrice de l'établissement des Demoiselles de l'Instruction, d'après les mémoires de M. Grousson, vicaire de Saint-Georges et confesseur de cette pieuse personne. C'est à ce projet que M. Péala avait consacré ses dernières vacances de 1852.

On le voit, dans cette active pensée, le travail

appelait le travail ; l'utilité et non l'éclat déter-
minait le choix des sujets. Le saint prêtre se
préoccupait peu de son renom littéraire, mais
bien du bénéfice moral dont ses œuvres pouvaient gratifier autrui.

On ne saurait omettre ici un mot de lui,
rapporté par un ecclésiastique éminent, le
R. P. Nampon. M. Péala venait d'achever le
Traité des Indulgences; il avait conscience du
bien que pouvait faire ce petit livre : « Les âmes
« du Purgatoire vont être bien contentes, »
disait-il à son ancien élève, devenu l'un des
amis de sa prédilection ; et il souriait avec cette
calme douceur dont s'imprégnaient toujours toutes ses joies.

Le génie, la gloire, ou la grandeur valent-ils
devant Dieu cette modeste bonté ?

V. — Si maintenant nous devions résumer
dans un dernier coup-d'œil cette étude bien
incomplète d'œuvres importantes, et que, sur le
témoignage des plus sérieuses autorités, nous
sommes fondé à croire durables, nous devrions
d'abord remarquer, une fois de plus, combien par
leurs mérites, et, si nous osons le dire, par leurs
imperfections même, elles portent une exacte
et fidèle empreinte de la nature de l'auteur.

Leurs principaux caractères ne sont-ils pas,
en effet, la sincérité de conviction, une sorte de
droiture primitive, une vertu sympathique et
cordiale, le dédain de l'effet, de la recherche et
de tout brillant d'emprunt, la préoccupation
constante de l'utilité publique, du bien du plus ˜
grand nombre, une affectueuse expansion, un
dévouement qui parle et une onction qui touche,
les grâces enfin de la simplicité et de la bonté,
unies à l'autorité solide et mesurée du vrai
maître chrétien? Tel était l'homme, tels sont ses
écrits.

Dans le style, plus de clarté que de relief,
plus de vérité que d'éclat, mais, comme on l'a
pu voir par nos citations, quelques souvenirs
non équivoques de l'allure magistrale des écrivains de la première génération du dix-septième
siècle; des façons de dire heureusement resti-
tuées au présent par les réminiscences du passé,
une certaine force enfin qui s'ignore elle-même,
une érudition vaste et bien dirigée, et, jusqu'au
milieu de visibles imperfections, jusque dans
la diffusion quelquefois peu châtiée du détail, un
courant général, dû à l'inspiration soutenue, et
une méthode naturelle qu'on sent ou qu'on
retrouve à la longue, après l'avoir peut-être
méconnue tout d'abord..

M. Péala, — toute prétention lui étant d'ailleurs, comme nous l'avons déjà dit, bien complètement étrangère, — n'en eut certes jamais aucune au titre d'écrivain supérieur. De nombreuses pages de ses écrits puisent cependant, nous croyons l'avoir démontré, puisent, disons-nous, dans sa force et sa valeur morale, une sorte de beauté très-réelle ; elles ont parfois la saveur d'un vin robuste qui reconforte la fibre, en rehaussant agréablement la pensée ; elles donnent du ton au cœur, et une joie calme et saine à l'intelligence.

Pour terminer enfin par un mot qui pût brièvement caractériser tous les écrits de M. Péala, on pourrait dire, ce nous semble, qu'il n'est pas une ligne sortie de sa plume d'où ne transpirent, en quelque sorte, constamment, comme un généreux parfum, les bonnes intentions d'une belle âme !

V

I. — Cependant, cette vie si utile et si bien
remplie, cette vie d'un si bel exemple et d'un
si excellent parfum devant Dieu, cette vie dont
la modeste et volontaire obscurité rehausse encore les mérites, approchait déjà de son terme.
Le fardeau des années s'était prématurément
appesanti sur elle ; des veilles studieuses si
fécondes, les travaux si assidus, les secrètes
mortifications, l'asservissement rigoureux à la
règle avaient usé lentement le corps, en en faisant l'esclave sacrifié des austères volontés de
l'âme. On suppliait dès lors le zélé Supérieur
d'accorder aux nécessités de l'âge quelques
ménagements devenus indispensables ; mais en
vain les premières atteintes d'une vieillesse anticipée l'avaient-elles déjà frappé ; cet avertissement de la nature restait inutile pour lui.

Comment eût-il rien changé dans le programme
de ses jours? N'aurait-il pas été bien en peine
pour s'habituer à de plus doux loisirs? L'étude
et la prière, les préoccupations constantes, les
affectueuses sollicitudes pour autrui dans son
gouvernement paternel, étaient si bien devenues
la condition normale de sa vie, qu'il n'eût pas
compris une autre existence exonérée de fati-
gues, de soins et de pénibles devoirs. L'âme
n'avait pas voulu, disons-nous, se plier quelque
peu aux nécessités du corps. Aussi M. Péala ne
devait-il pas tarder à acquitter sa dernière dette
ici-bas.

Quelques symptômes menaçants étaient déjà
venus depuis plusieurs mois alarmer sa famille
et ses innombrables amis, collaborateurs ou disciples. Dans le commencement de 1853, les
symptômes dont nous parlons prirent de la gravité. Dès la fin de mai, il fut forcé plusieurs fois
de s'aliter. Le 3 juin cependant, il avait pu dire
la messe; on comptait donc encore sur ses
forces, et le soir on le quitta un instant. Demeuré
seul, et pris subitement d'une forte hémorragie,
en voulant se pencher hors de son lit, il se laissa
tomber. Lorsqu'on revint, la moitié de sa chambre était inondée de son sang. On s'excusa de
l'avoir un moment négligé; mais loin de témoi-

7

gner le moindre mécontentement, il rassura
lui-même ceux qui s'en tourmentaient ; et quelqu'un lui demandant comment il avait fait pour
se remettre dans son lit, « J'ai essayé, — dit-il,
avec cette foi candide qui fut, durant sa maladie,
comme toujours, son solide espoir et son recours
permanent, — « J'ai essayé, dit-il, de me rele-
« ver seul : je n'ai pu y parvenir ; j'ai ensuite
« appelé, et le secours des hommes tardant à se
« rendre, j'ai enfin prié les Saints de me venir
« en aide : alors j'ai pu réussir. »

Dès ce moment, d'un jour à l'autre, les inquiétudes s'accrurent ; elles n'étaient que trop
bien fondées. Les ressources humaines allaient
constater leur impuissance, et il ne nous reste
déjà plus qu'à dire en peu de mots quelle mort
font de telles âmes et quel deuil provoquent de
telles morts.

A partir du dimanche 5 juin, le mal faisant de
rapides progrès, on dut envisager en face la
cruelle réalité, et c'est aussi dans cette période
des derniers huit jours qu'il fut donné aux
témoins du plus touchant des spectacles de
comprendre combien était chéri et vénéré de
tous, combien était digne en même temps de cet
amour et de cette vénération le vertueux Supérieur que chacun pleurait comme un père, le

bon prêtre qui allait mourir comme meurent les
Saints.

Jour et nuit, durant cette longue semaine où
sa raison et son intelligence ne lui firent presque
point défaut, il put se voir, — recueillant ainsi
sa plus douce récompense et sa consolation la
meilleure, — il put se voir, sur son lit d'agonie,
entouré des pieux collaborateurs de toute sa
carrière. Il se sentit pressé, assiégé, pour ainsi
dire, par ces disciples qu'il formait à la vertu
en montrant sa vie, et à toutes les mansuétudes
chrétiennes en laissant deviner son cœur.

Les jeunes séminaristes se disputèrent, avec
un empressement qui ne se ralentit pas, le pieux
honneur et le bonheur douloureux de l'approcher
de plus près, de veiller ses dernières heures, de
mouiller ses mains de leurs larmes, ou de
déposer sur son front vénérable un baiser filial.
En retour de ces soins attendris, le malade donnait, de son côté, quelque chose de plus précieux
encore : le meilleur des enseignements, l'enseignement en action, celui du courage devant la
douleur, de la plus fervente piété, de la plus
irrésistible aspiration vers Dieu ; il donnait à
tous, pendant toute une longue et lucide agonie,
cette haute leçon, cet éloquent conseil : l'exemple de bien mourir.

Ainsi il parachevait, aux heures même de la mort, l'œuvre de sa vie ; ainsi se complétait, au dernier moment, ce modèle sacerdotal, cette tradition de vertu qu'il devait léguer avec sa mémoire.

Il serait long d'énumérer ici tous les actes qui témoignèrent alors de cette bonté, de cette patience, de cette douceur où se retrouvaient tout entiers le caractère et le charme de sa bienveillante nature. Il avait, dès ces premiers jours, compris la gravité de son état ; il pressentait le terme, et n'avait qu'un souci : celui de n'y pas être suffisamment préparé par l'amour.

La machine ne va plus, disait-il en souriant au séminariste qui veillait près de lui. *Il faut se rendre.... Ah ! je le vois trop aujourd'hui*, continuait-il gravement, *je n'ai pas fait pour Dieu ce que j'aurais dû faire.... non !... mais la miséricorde de Dieu !... N'est-ce pas, mon enfant, qu'il faut compter sur la miséricorde de Dieu ?*

Dès cet instant aussi, ajoute un témoin oculaire, commença pour cette âme la longue méditation des choses de Dieu, l'oraison continuelle qui devait aller s'achever au Ciel. Il n'interrompait la prière que pour donner un remerciement, une consolation, un conseil, une preuve d'affection quelconque à ceux qui l'entouraient : *Que vous faut-il? Que désirez-vous?* lui demandait-on. *Que faut-il faire? — Ce que vous voudrez, comme vous voudrez, mes enfants ; comme vous ferez ce sera bien.*

Sa famille, qui le vénérait en l'aimant comme on peut le croire, était promptement accourue auprès de lui. Elle craignait que l'inexpérience des jeunes séminaristes ne laissât quelque chose à désirer dans les soins dévoués dont il était l'objet, et on parla devant lui de le transporter dans la maison de M. le curé de Notre-Dame, l'un de ses excellents frères. Il comprit de quoi il s'agissait : il répéta à plusieurs reprises combien il était content, combien il était reconnaissant pour ces jeunes gens bien-aimés, et que malade n'avait jamais été mieux servi. *Vous êtes trop bons, trop bons,* leur disait-il à eux-mêmes; *c'est bien trop, et je suis confus, en aurais-je fait autant pour vous?* Et quelques larmes d'attendrissement mouillaient sa paupière.

Mais le temps marchait, le terme se faisait proche; il faut nous hâter aussi, et dire surtout les œuvres de tendre dévotion par lesquelles il voulut préparer son âme au grand passage où la vertu seule a le droit d'ajourner sans terreur toutes ses espérances. Il avait reçu avec amour et joie ces bienfaits mystérieux dont l'Eglise reconforte le chrétien en face des redoutables rivages de l'éternité; il bénissait Dieu pour ces dons faits par le ciel à la terre, et pour prier dans une adoration plus intime encore, pour parler, si on peut le dire, de plus près à son Sauveur, il se faisait apporter par ses enfants bien-aimés, par ses disciples en larmes, il se faisait présenter le Saint-Sacrement chaque nuit. Alors il se complaisait dans la méditation de cette parole du divin Maître : *Mes délices sont d'être avec les enfants des hommes.*

Alors il retrouvait dans son souvenir les plus pieux élans de ses prières préférées; la parole lui manquait déjà, ses forces étaient déjà éteintes, mais il priait toujours. Ceux qui ne l'ont pas quitté dans ces graves instants ont pu saisir, par fragments inachevés et deviner pour l'ensemble, ces épanchements d'un cœur chrétien avec son Dieu, sur le seuil même de l'autre vie; il faut s'estimer heureux de pouvoir en reproduire ici quelque chose : *Seigneur,* disait-il, *Seigneur, j'ai espéré en vous.... Je ne serai pas confondu dans l'éternité.... Je n'ai demandé qu'une chose au Seigneur, c'est d'habiter sa maison à jamais.... Non ce que je veux, Seigneur, non ce que je veux, mais ce que vous voulez.... Non ma volonté, mais la vôtre....*

Il avait demandé qu'on lui dit un passage de l'Écriture exprimant l'amour de Dieu, l'obligation de tout rapporter à Dieu ; il n'avait pu se faire bien comprendre, et on lui disait ces mots : *Veillez et priez pour ne point entrer en tentation....* « Ces paroles, dit-il en interrompant, n'ont pas directement trait à l'amour de Dieu », et il ne fut satisfait qu'après qu'on eut récité ce passage de David : *Qu'y a-t-il dans le ciel et sur la terre que je recherche, ô mon Dieu, si ce n'est vous, qui êtes le Dieu de mon cœur et mon partage dans l'éternité....*

Il demandait une autre fois un passage qui exprimât un rapport d'amitié de l'âme à Dieu ; on lui lut ces mots du Sauveur : *Je ne vous appellerai plus mes serviteurs, mais bien mes amis....* Et il fut heureux. Puis, son humilité s'alarmant de cette joie même : *O mes enfants,* reprenait-il, *je ne suis pourtant pas digne que Notre-Seigneur m'adresse de telles paroles ; je ne l'ai pas aimé comme je devais l'aimer ; je n'ai fait que le quart de ce que j'aurais dû faire....*

Puis, reprenant espoir dans la suprême bonté ; *Scio cui credidi : Je sais en qui j'ai mis ma confiance,* murmurait-il à demi-voix, *Que vos tabernacles sont beaux, ô Dieu des vertus !...*

Mon cœur languit après le moment où me seront ouverts les sacrés parvis....

Si par instant, dans la prostration de ses forces, sa pensée perdait en lui quelque chose de sa pieuse ferveur, il se le reprochait bientôt avec amertume : *Je suis bien froid*, disait-il, *je suis bien froid pour Notre-Seigneur.... Mais il est le Dieu de charité, il est le Dieu de l'amour, le feu qui consume, il me réchauffera peut-être....*

Souvent avec ardeur, il baisait son crucifix : *La croix*, disait-il, *c'est notre étendard, c'est dans ce signe qu'est notre victoire : In hoc signo vinces, in cruce salus !...*

Et quand ses mains furent désormais sans force pour tenir devant lui la croix, il y collait avec amour sa lèvre, chaque fois que ceux qui le servaient lui présentèrent l'image du divin sacrifice. — Il demandait encore : *N'arriverons-nous pas à notre grande fin ? — Quelle fin, lui fut-il dit ? — Notre grande, notre véritable fin*, reprit-il, *aimer Notre-Seigneur Jésus-Christ pour lui-même, pour ses perfections infinies, pour le grand amour qu'il nous a manifesté.... Ah ! quand il s'agit de Notre-Seigneur, on dit de grandes et belles choses, mais on n'en vient point assez à la pratique ; il faudrait se donner entièrement à lui, ne servir que lui en tout !...*

L'avant-veille de sa mort, l'un des directeurs de la maison, suivi d'un groupe de séminaristes, s'approcha de son lit ; tous lui demandèrent alors qu'il voulût bien les bénir. On dégagea sa main déjà sans force, et tout le monde s'étant agenouillé devant lui, le pieux Supérieur essaya de décrire sur eux le signe de la croix, en murmurant quelques mots d'adieu qu'on ne put saisir. D'autres jeunes gens vinrent plus tard lui faire la même demande, et comme il les bénissait à leur tour, ils l'entendirent prononcer ces mots : « *Au ciel.... c'est au ciel que nous nous reverrons....*

Son frère enfin, lui ayant de même présenté l'un de leurs neveux pour qu'il eut aussi sa part de cet adieu rempli d'espérance : *Oui, mon enfant,* dit avec effort le bon prêtre, *que Dieu vous donne sa crainte, ayez la crainte de Dieu, cela seul est nécessaire....* Et il le bénit tendrement. Legs de sainte valeur ! sainte promesse d'une protection vigilante et d'un patronage bientôt puissant au Ciel ! C'est à ce sujet que le frère du jeune homme ainsi privilégié, écrivait peu de jours après à sa mère : *Que j'aurais voulu être à côté de Joseph, lorsque agenouillé près du lit de mort, il a reçu cette dernière bénédiction, qui portera bonheur*

comme celle de tous les Saints.... C'est ainsi,
par un suprème effort de la volonté et de l'a-
mour, par la prière et l'épanchement pieux de
son généreux cœur, c'est ainsi que le mourant
disputait ses derniers instants à l'assoupissement
et à l'oppression même de la mort.

Quelques moments, où l'intelligence parut plus
douteuse, avaient laissé croire à une légère invasion du délire. On venait de verser au malade
quelques gouttes de vin généreux, et on lui demandait s'il le trouvait bon, sans croire qu'il
pût répondre ou seulement bien comprendre :
Il est bon, mes enfants, il est bon, dit-il ; *mais
ce n'est pas ce vin-là qu'il faut chercher : c'est
le vin nouveau, le vin d'En-Haut ; si vous le
trouvez, mes enfants, vous ferez merveille.*

Que ferons-nous ? Que faut-il faire ? lui di-
saient encore ses jeunes amis, inquiets de ce qu'il
pouvait désirer ; et lui, retrouvant dans ses
souvenirs troublés un de ces avis qu'il leur avait
tant de fois donnés de parole et d'exemple :
*Évitez l'oisiveté, mes enfants, évitez l'oisiveté !
Ne demeurez jamais dans l'oisiveté ; faites cela ;
nous verrons ensuite le reste....*

Est-il beaucoup de sagesses qui vaillent ce
délire, et quelle raison eût mieux enseigné que
cet égarement ?

C'est que le reflet des pensées de toute sa vie illuminait, dans l'esprit de ce mourant, les ténèbres même de la mort ; c'est que la mort du juste, précieuse devant Dieu, dit l'Ecriture, est en même temps devant les hommes la plus belle des prédications, et que ce pieux semeur devait mourir comme il avait vécu, jetant, pour ainsi dire, presque de l'autre rive, jetant encore la bonne semence dans le champ qui lui avait été confié.

Le lundi soir 13 juin, à sept heures et demie, la chambre de l'agonisant était pleine de parents, d'amis, de membres du clergé, priants et confondus ; les séminaristes se groupaient en foule, sur plusieurs rangs pressés, autour du lit de leur bien-aimé Supérieur. C'est alors qu'au milieu de leurs sanglots mal étouffés, et d'oraisons entrecoupées par leurs larmes, un dernier soupir s'exhala comme une prière de plus des lèvres du prêtre chrétien : son âme avait pris l'essor vers le but divin de ses aspirations et de sa foi.

La nombreuse assistance apprenait de ses propres yeux comme est simple, facile et en même temps grandiose la bonne mort qui couronne une belle vie. Mais en estimant bienheureuse la destinée désormais acquise à celui qu'on pleurait, nul ne pouvait s'empêcher de regretter

pour les autres, pour l'appui qu'on espérait en
lui, pour tout le bien qu'il pouvait faire encore,
ce véritable et doux ami qui sera du moins,
pour ceux qu'il a chéris, un patron de plus près
de Dieu.

Les larmes ne cherchaient plus alors à se
contraindre, et seules elles interrompirent, pendant les jours suivants, la prière ou l'éloge at-
tendri de tant de douces vertus.

Rien de plus touchant que les pieux devoirs
rendus par les séminaristes aux dépouilles du
maître en qui tous avaient su voir un père : ils
le lavèrent, le vêtirent, le parèrent d'un blanc
surplis et l'exposèrent ainsi, d'abord dans sa
chambre, ensuite dans l'église du Séminaire,
où pour satisfaire à la piété des fidèles et sur
de nombreuses demandes, il fallut laisser les
précieux restes accessibles à tous. L'embaume-
ment avait été pratiqué. L'exposition dura trente-
six heures. Là, le défunt fut encore entouré de
larmes et de prières ; là, pour la dernière fois,
ceux qui l'avaient aimé, son honorable famille,
ses frères, ces dignes prêtres dont la douleur est
de celles qu'il faut se borner à saluer dans un
respectueux et sympathique silence ; là, tous
ceux qui l'avaient connu, c'est-à-dire estimé
tout son prix, purent comtempler ses traits et

graver, comme elle le méritait, dans leur cœur
sa mémoire.

Et ce n'étaient pas seulement des affections
humaines, des amitiés de relation ou de famille
qui remuaient en ce moment les âmes. Sans
doute, chacun ayant à payer pour soi un juste
tribut d'amers regrets, s'associait aussi à l'affliction bien plus inexprimable de ceux que cette
perte touchait de plus près encore; il était surtout
impossible de ne pas se rapporter avec un ser-
rement de cœur vers la pensée du père si cruellement frappé, qui semblait n'avoir continué
jusque-là sa carrière séculaire que pour verser
les dernières larmes de sa vénérable vieillesse
sur ce fils, objet d'un tendre amour et d'un pieux
orgueil.

Quelque large place que ces idées pussent
tenir en un pareil moment, des préoccupations
plus élevées, si on peut le dire, ou du moins
plus générales, se faisaient cependant encore
jour dans les esprits. On ne pouvait déjà se
défendre d'un souci d'intérêt public, on ne pouvait s'empêcher de songer quelle perte c'était là
pour le Séminaire, pour le clergé, pour le
diocèse, pour le pays tout entier. On sentait,
avant même que d'augustes amitiés n'eussent
apporté la consécration de leurs regrets sur ce

cercueil, avant que le cardinal-archevêque de Lyon n'eut écrit ce qu'il pensait de cette irréparable perte, avant que Mgr de Morlhon n'eut exprimé combien il déplorait de n'avoir pu porter au chevet du mourant un dernier témoignage de son estime et de son affection, avant qu'il n'eut appris à des parents en deuil qu'il mêlait du fond du cœur ses larmes à leurs larmes, on sentait, disons-nous, que de tels hommages ne se rencontrent pas fréquemment ; on sentait que le savoir et la vertu sont beaucoup, et ne sont pas tout pour accomplir leur œuvre ; on se disait que cette expérience, cette sagesse, ce maniement délicat des hommes et des choses ne s'improvisent pas en un jour, et l'on s'étonnait, comme toujours, de n'apprécier suffisamment, complètement les hommes que lorsque la mort a mis sur leur front la dernière auréole.

L'auréole de M. Péala, — tout le monde en convient désormais, — c'est celle du saint et du sage. Voilà ce qui s'est dit devant ce cercueil, où la vertu parlait encore à tous les souvenirs ; voilà ce que proclame bien haut l'histoire que nous achevons d'écrire, et à laquelle il n'a manqué qu'un plus digne narrateur.

L'âme du saint pasteur était allée rendre compte de son troupeau aux pieds du souverain

Maître ; la terre réclamait la dépouille mortelle.
C'est le 16 au matin, dans l'église du Séminaire,
que commença l'austère solennité des funérailles.
Un immense clergé et toutes les corporations religieuses avaient voulu s'associer à ce dernier
grand devoir et en augmenter la pompe. Le cortége, présidé par M. Montagnac, premier vicaire-
général, et ayant en tête le Chapitre de l'église
cathédrale, vint chercher le corps pour le porter
à Notre-Dame.

Ici, — suivant la remarque de l'un des amis
du vénérable défunt, qui l'ont le plus pratiqué,
le mieux connu, et se sont plus complètement
associés à l'œuvre d'enseignement ecclésiastique
où il a mis toute son âme, — ici fut manifeste
la vérité de cette parole du Christ : *Bienheureux ceux qui sont doux, ils possèderont la
terre.*

Toute la ville se trouvait représentée dans ce
convoi du modeste et simple Supérieur. Derrière la famille éplorée, des notabilités de la ma-
gistrature et du barreau, le maire, d'autres autorités ou fonctionnaires, et un nombre considérable des hommes les plus éminents de la cité,
complétaient, par leur présence, l'hommage
dont tous les cœurs religieux s'étaient empressés
d'honorer une mémoire si respectée.

De la cathédrale, le corps fut ensuite reporté
à l'église du Séminaire, où il devait reposer
dans un des caveaux funéraires. La mission du
bon Supérieur n'est donc pas entièrement interrompue même par la mort. Du fond de ce tombeau, sa voix sera encore entendue ; son souvenir restera toujours présent au milieu des jeunes
lévites promis au sanctuaire ; cette voix, ce souvenir, cette tradition de bienveillance, ce parfum
de bonté et de précieux exemple, rediront longtemps à de jeunes générations avides d'en recueillir les fruits ; *Bienheureux, bienheureux
ceux qui sont doux !*

II. — Les dernières dispositions du saint
prêtre devaient aussi servir à manifester encore
après lui l'esprit de toute sa vie, ses sympathies
et ses sollicitudes. Avec cette raison et cette
mesure que nous lui connaissons, pénétré,
comme il l'était, du devoir de solidarité des
familles, M. Péala n'aurait pas cru pouvoir
frustrer la sienne du droit moral qu'elle était
sans doute fondée à prétendre sur les biens qu'il
tenait de ses pères. Du moins voulut-il laisser
au Séminaire, comme affectueux souvenir et
durable témoignage, tout ce qu'il possédait en
dehors du patrimoine héréditaire. Il n'oublia

pas non plus ce Petit-Séminaire, auquel il avait toujours gardé une prédilection si active, et il lui a légué la propriété des deux cellules qu'il s'était réservées dans la vente de la Chartreuse. Cette double libéralité représente, comme nous l'avons dit, tout l'actif dont il se croyait libre de disposer.

Enfin, de sa bibliothèque particulière, il a voulu qu'il fût fait deux parts ; au Séminaire appartiendra la première, comprenant tous les ouvrages qui ne se trouvent pas dans les collections de l'établissement. La seconde devra servir de noyau pour la formation d'une de ces bibliothèques cantonales si vivement recommandées par le concile de Clermont au zèle et à la générosité de tous.

Il appartenait au rédacteur des *Conférences du Puy*, au Supérieur du Séminaire, au modèle sur lequel tant de pieuses volontés chercheront certainement à se conformer, il appartenait à M. Péala de prendre cette initiative et de donner ce dernier exemple. (6)

C'est ainsi, après cette vie et ces œuvres, qu'il est permis de dire que le silence même d'une tombe a encore son éloquence. La pierre où s'inscrit le nom d'un homme vertueux parle

8

toujours un merveilleux et bienfaisant langage :
Saxa loquuntur.

La tombe a son éloquence, les larmes surtout
ont la leur. Plusieurs semaines s'étaient déjà
écoulées, lorsque le clergé diocésain entrait au
Séminaire pour y faire la retraite pastorale.
C'est là, c'est en se revoyant, la plupart pour la
première fois depuis la perte commune, que
cette population de pieux amis allait sentir revivre puissamment ses plus amers regrets. Aussi,
quand le digne prédicateur de la retraite, louant
éloquemment le travail, et s'efforçant d'inspirer
à tous la sainte haine de l'oisiveté, cita, lui
pleurant, à son auditoire en pleurs, l'autorité
bien-aimée du Supérieur, désormais et pour
toujours absent ; lorsqu'ensuite le pontife vénéré daigna s'associer au vœu de tous et officier
solennellement lui-même en mémoire du défunt,
les larmes furent encore le plus naturel et le plus
bel hommage offert à ses vertus.

Qu'est-il besoin d'ajouter que chacun avait
déjà isolément dans sa paroisse, et notamment
dans chaque canton, payé le tribut des solen-
nelles prières à celui qu'on pleurait ? (7)

VI

———

PHILOSOPHIE DU SACERDOCE

1. — Après nous être efforcé de décrire la vie, les œuvres et la mort d'un véritable serviteur du Christ ; cette tâche accomplie selon nos forces, et non suivant notre désir, ne nous reste-t-il rien à faire ? N'avons-nous rien de plus à conclure ? N'y a-t-il point encore quelque enseignement plus général que la leçon même de l'exemple à rechercher ici ? Le digne maître de vertu ne nous dira-t-il pas autre chose ? — Le pourquoi, le comment, le moyen, le secret de son élévation morale, de sa droiture et de sa fixité dans la ligne du bien, de sa constante

progression dans une voie sainte, de son acces-
sion toujours plus visible et de son intimité
toujours plus aimante vers Dieu, n'auront-ils
pas pour nous l'attrait d'un beau problème, et
devant ce problème nous arrêterions-nous sans
regret ? — Non, nous voudrons savoir mieux
encore. Le vertueux défunt appartient tout entier à la sympathie, à la vénération de ceux qui
l'étudient. Et puisque sa mort a livré le dernier
mot de sa vie, puisque nous tenons sous la main
les éléments d'une appréciation toute nouvelle
de l'homme, par les confidences de sa prière,
par ses épanchements de conscience dans la retraite et la méditation, notre pieuse indiscrétion
s'attachera à des documents de haute valeur, et
nous pourrons révéler ici ce secret si impéné-
trable à la pensée du monde, expliquer cette
merveille qui étonne toujours parmi les sages
ceux qui n'affectent pas de la révoquer en doute.
Nous dirons comment se fait un saint prêtre,
comment la volonté et la religion mettent l'abnégation, le renoncement, l'humilité, la chasteté,
l'amour enfin de tous les sacrifices dans ce cœur
de l'homme où notre nature déchue développe
presque exclusivement la personnalité, la préoccupation de soi, les passions farouches, les
appétits terrestres.

Un chrétien ! un saint prêtre ! un généreux
martyr de toutes les heures, un patient volontaire qui court lui-même au-devant de l'épreuve
qui l'appelle à genoux, qui la demande avec
larmes et prières, un homme qui partout et
toujours aime son frère autant que lui-même et
son Dieu plus que toute chose ; qui, au nom du
Christ, met le pied sur son propre orgueil ; qui,
en exemple du Christ, savoure les amertumes ;
qui, en souvenir du Christ, garde au pauvre,
au malade, à l'orphelin, au maudit, au déshé-
rité de la terre, à toutes les infortunes, à toutes
les désolations, à toutes les proscriptions, la
meilleure part de son cœur ; oui, c'est là un
mystère, un mystère sublime, et beaucoup ne
veulent pas y croire ! — Cette perfection est
mensongère, disent-ils, parce qu'elle est impossible ; et si quelque réalité authentique frappe
leurs yeux d'une indiscutable évidence, plutôt
que de saluer ce prodige de la doctrine qui a
régénéré le monde, plutôt que d'avouer le chef-
d'œuvre de la foi chrétienne, plutôt que de
reconnaître et de glorifier l'effort d'une volonté
magnanime inspirée de l'Evangile, ils aimeront
mieux proclamer qu'il y a là quelque phénomène
du hasard, une exception dans la règle, une
sorte de monstruosité naturelle : le hasard, la

nature auront laissé échapper de leur main
capricieuse une organisation imparfaite. Cet
homme est sans faiblesses parce qu'il est sans
valeur ; ses mérites sont des impuissances ; sa
vertu n'est qu'une négation. — Que lui a-t-il
coûté, murmure le monde, que lui a-t-il coûté
d'être chaste, patient, charitable, humble et
doux ? de n'envier personne, de ne désirer rien
des choses de la terre, de vivre en Dieu et de
mourir en Dieu ? — Que lui a-t-il coûté, répè-
tent les philosophes ? Il était ainsi fait !

Il était ainsi fait, disent-ils ! Et qu'ont-ils
jamais su des luttes sans trève, des angoisses
sans nombre, des longues insomnies de la
conscience ? Qui leur a dit, qui nous dira les
agonies du cœur sous les rudes flagellations du
devoir, sous l'invisible fardeau de la croix ?

Ils étaient ainsi faits ces grands saints, ces
grands apôtres, ces généreux martyrs, ces pères
du désert, que dévorait leur génie, que trou-
blait, qu'épouvantait leur propre grandeur, leur
fierté native, leur impétueuse audace, toutes les
sortes de puissances ! Ils étaient des négations
morales, les Jérôme, les Antoine, les Ephraïm,
les Augustin, les Basile ! La nature leur avait
sans doute fait l'aumône d'une médiocrité tempérée, d'une âme étroite et sans élan, d'un cœur

chétif, sans vigueur ni révoltes, d'un sang pauvre, et qui n'eut jamais ni fureur, ni bouillonnement, ni tempête !

Ah ! c'est là mentir au bon sens, tout aussi bien qu'à l'histoire, et la vérité rend un tout autre témoignage. Non, non, il n'en est pas ainsi ; qui dit Vertu dit force et surtout Volonté : la vertu n'est une gloire que parce qu'elle fut toujours un combat. La vertu n'est point semblable à ces vils empereurs du monde romain dégénéré, qui, le front ceint d'un laurier menteur, à l'heure même où le christianisme étendait partout sa silencieuse mais irrésistible conquête, montaient impudemment au Capitole sans avoir vu l'ennemi. La vertu ne triomphe qu'après avoir vaincu ; elle n'atteint enfin sa couronne qu'après avoir su gravir les hauteurs d'un calvaire.

Non, il n'est pas naturel à l'homme, pas plus à celui-ci qu'à celui-là, pas plus au chrétien qu'au philosophe, pas plus à tout autre qu'à vous d'accepter l'injure, de rechercher l'humiliation, de se complaire à l'outrage, d'aller au devant du sacrifice, d'aimer sa souffrance et de bénir son malheur. Et non-seulement l'humanité ne réprime pas volontiers ses instincts, non-seulement l'homme ne contient pas sans effort ses passions, mais il est de l'homme et de l'humanité de flatter leurs propres penchants, de perfectionner leurs propensions vicieuses, de surexciter leurs aptitudes mauvaises, d'aiguiser leurs plus dangereux désirs, d'aiguillonner leurs plus coupables audaces. L'ambition n'est pas seulement le fait, mais encore l'exagération volontaire d'une nature ardente et dominatrice. Le libertinage n'est pas seulement une pente facile où se laisse entraîner le débauché, c'est encore un abîme vers lequel il se précipite de son plein gré, en stimulant lui-même l'ardeur de ses sens, en dépassant toujours, en violentant sans cesse les forces de sa propre organisation. La cupidité, la haine, l'envie, toutes les perversités de l'âme que la religion appelle d'un seul nom : LE PÉCHÉ, elles cherchent non-seulement à se rassasier, mais à se rendre insatiables ; elles se nourrissent du succès comme de la défaite ; vivre pour elles c'est grandir ; elles aspirent à une sorte d'infini dans la possession continue. Qu'on ne dise pas qu'elles demandent à se satisfaire : elles ne veulent pas être satisfaites, elles veulent dévorer toujours et avoir faim toujours. Elles rappellent ces ignobles héros de la gloutonnerie qui n'ont qu'une joie, celle de se repaître, et ensuite un regret, celui d'être repus.

Voilà les passions, et qu'elles soient plus ou moins impérieuses, plus ou moins suscitées, plus ou moins irritées, elles sont les mêmes pour tous, sinon dans leur énergie, au moins dans leur nature. Voilà les féroces brutes qu'il faut discipliner rudement au fond du cœur humain, pour qu'elles ne brisent pas leur cage et ne dévorent pas leur unique et glorieux gardien : LA VERTU.

Discipliner ces furies, voilà le rêve de la vraie philosophie ; les vaincre et les étouffer, voilà l'œuvre du christianisme. Mais, disent les penseurs du dernier siècle, égarés jusqu'à nous, à quoi bon et pourquoi ? A quoi bon contraindre des penchants qui ne peuvent être mauvais, puisque la nature nous les a donnés ? Pourquoi s'amputer dans ses désirs et se mutiler dans sa force ? Si les passions sont à ce point naturelles, elles sont un droit de l'humanité. Le devoir de la société, c'est d'y satisfaire. Nous avons dit qu'elles ne voulaient pas se laisser satisfaire.

Mais d'ailleurs, qu'on essaie donc, que chacun lâche dans l'arène ses ambitions, ses cupidités, ses appétits, ses instincts, ses jalousies, ses haines, toutes les concupiscences et toutes les fureurs ; que chacun veuille être tout, tout penser, tout oser, tout avoir et tout faire, et le massacre des gladiateurs, la boucherie des anthropophages, le carnage d'une mêlée de lions, de loups et de tigres, ne donneront pas une idée du hideux spectacle qui épouvantera la terre.

Les derniers jours du vieux monde romain n'ont-ils pas vu commencer une représentation heureusement bientôt interrompue de ces tragiques horreurs ? L'histoire s'est voilée la face, les sages ont rougi d'être hommes, Tacite a marqué au fer rouge la férocité des tyrans et la lâcheté des esclaves. C'est alors que le christianisme dût apparaître, et il apparut.

Il enseigna que l'homme avait à défier, à combattre et à vaincre en lui-même son premier et son plus implacable ennemi : le cœur de l'homme. Il enseigna que les passions étaient mauvaises, qu'elles conseillaient le mal, qu'elles ne pouvaient que troubler le monde, qu'il fallait les avoir pour victimes si on ne voulait pas les accepter pour bourreaux, et il proclama nécessaire de se faire violence pour conquérir le Ciel.

II. — Or, croit-on que ce que le christianisme annonçait ainsi n'eût pas été pressenti jusqu'alors ? Croit-on que l'œil de la sagesse antique n'eût pas su voir, — sans toutefois en deviner la cause, — n'eût pas su voir le mal

caché comme une plaie vivante au cœur même
de l'humanité ? Même avant les stoïciens, Socrate et Platon n'avaient-ils pas voulu détacher
l'âme des liens grossiers du corps, soustraire la
volonté et l'intelligence aux vils transports de la
matière ?

Ecoutons Socrate dans l'immortel *Phédon* :

....Pour arriver au rang des dieux, que celui qui
n'a pas philosophé et n'est pas sorti tout-à-fait pur
de cette vie, ne s'en flatte pas. C'est pourquoi, Sym-
mias et Cébès, le véritable philosophe, s'abstient de
toutes les passions du corps, leur résiste et ne se
laisse pas entraîner par elles, et cela bien qu'il ne
craigne ni la perte de sa fortune et la pauvreté,
comme les hommes vulgaires et ceux qui aiment l'ar-
gent ; ni le déshonneur et la mauvaise réputation,
comme ceux qui aiment la gloire et les dignités.

— Il ne conviendrait pas de faire autrement, ré-
partit Cébès.

— Non, sans doute, continua Socrate. Aussi, ceux
qui prennent quelque intérêt à leur âme, et qui ne
vivent pas pour flatter le corps, ne tiennent pas le
même chemin que les autres qui ne savent où ils
vont...

La philosophie, recevant l'âme liée véritablement,
et pour ainsi dire collée au corps, et forcée de con-
sidérer les choses non par elle-même, mais par l'intermédiaire des organes, comme à travers les murs
d'un cachot et dans une obscurité absolue, reconnaissant que toute la force du cachot vient des passions, qui font que le prisonnier aide lui-même à

serrer sa chaîne, la phisosophie, dis-je, recevant
l'âme en cet état, l'exhorte doucement, et travaille à
la délivrer....

....L'âme donc, persuadée qu'elle ne doit pas s'op-
poser à sa délivrance, s'abstient autant que possible
des voluptés, des désirs, des tristesses, des craintes,
réfléchissant qu'après les grandes joies et les grandes
craintes, les tristesses et les désirs immodérés, on
n'éprouve pas seulement les maux ordinaires, comme
d'être malade ou de perdre sa fortune, mais le plus
grand et le dernier de tous les maux....

....N'est-ce pas surtout dans la jouissance et la
souffrance que le corps subjugue et enchaîne l'âme ?
Voilà pourquoi, mon cher Cébès, le véritable philosophe s'exerce à la force et à la tempérance....

Ainsi pensent Socrate et Platon, même avant
la venue du christianisme. Mais il y a deux
choses que Platon et Socrate ne savent pas dire
et une autre chose qu'ils ne peuvent pas faire.
Ils ne savent pas dire pourquoi il en est ainsi,
pourquoi le mal est dans la nature, pourquoi il
faut étouffer des instincts naturels. Ils ne savent
pas dire comment, non pas un homme, non pas
un philosophe par exception, mais un peuple
entier, mais l'humanité peuvent arriver à cette
noble abnégation, à ce renoncement généreux
qui reste pour la sagesse antique un idéal et un
rêve. Faire de leur doctrine une société, une
civilisation vivante, voilà enfin ce qu'ils ne peu-

vent pas, ce que nul penseur ne pourra plus qu'eux.

Ainsi, Socrate et Platon savent à quoi doit tendre l'homme, mais ils ne disent pas, ils ne savent pas pourquoi ; ils disent, ils savent moins encore comment. Ne serait-ce donc pas le cas de leur demander à eux, et à tous les penseurs spiritualistes qui ne sont pas chrétiens, ce que le matérialisme moderne demande au christianisme ? Ne serait-ce pas le cas de leur dire avec toute raison : si les penchants de l'homme sont naturels, pourquoi sont-ils mauvais ? S'ils sont décidément mauvais et naturels, d'où vient la nécessité de les combattre et le devoir de les vaincre ? Pour plaire, à qui convient-il de lutter ? En expiation de quoi convient-il de souffrir ?

Eh bien ! cette énigme insoluble pour tous, le christianisme l'explique d'un seul mot : l'homme porte en lui la notion du bien contradictoire à l'instinct du mal : c'est le souvenir de sa grandeur originelle et le châtiment de sa déchéance. La chute d'Adam a rendu l'homme esclave du péché, sa destinée primitive lui fait une loi d'aspirer à la réhabilitation, l'immolation divine lui donne le pouvoir d'y atteindre. Céleste origine, déchéance volontaire enveloppant le genre humain tout entier dans une mystérieuse solidarité, rédemption par la croix, voilà le secret du chrétien, que n'ont pu deviner ni la vertu de Socrate, ni le génie de Platon.

Et, d'un autre côté, ce que les plus grands esprits dans l'antiquité n'ont pu réaliser nulle part, les plus humbles apôtres, les plus obscurs adeptes de la foi chrétienne l'ont accompli partout. Cette doctrine du renoncement, de la lutte et du sacrifice, ils l'ont apprise à l'univers et l'ont fait pratiquer. La théorie idéale est devenue un fait humain, elle a créé un monde.

Donc la vertu est un combat : le cœur humain doit se renoncer lui-même, les passions doivent être vaincues.

C'est la pensée de Socrate, de Platon, de Cicéron, de Sénèque, de tous les stoïques et de tous les Antonins après eux, comme c'est l'enseignement du christianisme. Mais pourquoi ? mais comment ? le christianisme est seul à nous l'apprendre, seul aussi à faire pratiquer ce qu'il apprend ?

Les philosophes antiques ont dit qu'il était beau de se dévouer. Comment l'ont-ils prouvé ? Aussi qui ont-ils convaincu ? Que sert à Néron d'avoir eu pour instituteur Sénèque et Burrhus ? Que sert à Commode d'avoir eu pour père et

pour maître le divin Marc-Aurèle? On leur a
bien dit qu'il était beau de se sacrifier, mais ils
ont trouvé qu'il était bon de jouir, et ils ont
joui ; le monde entier a su à quel prix. Et que
serait le monde, alors poussé sur une telle
pente? Que serait aujourd'hui le monde, si le
christianisme ne fût pas venu? Mais le christianisme est venu, la doctrine de Jésus a fait parmi
les hommes le Chrétien, et parmi les Chrétiens,
le Prêtre. Et pour trouver un maître de vertu
plus sagace, plus fort, plus intelligible et plus
persuasif surtout que Socrate ou Platon, il suffit
de pénétrer, une lampe nocturne à la main,
dans la cellule d'un chrétien obscur ou d'un
prêtre ignoré.

III. — Nous allons donc étudier ce spectacle
d'un si grand enseignement, contempler cette
mâle entreprise de la volonté sur les passions,
de la religion sur tout l'homme même. Nous
allons montrer, comme nous le disions en commençant ce chapitre, comment se fait un saint
prêtre, et il sera bon pour tous d'admirer une
fois, dans le secret le plus intime, la transfigu-
ration progressive d'une âme qui veut devenir
digne de son Dieu. — Revenons donc à M. Péala.
Nous savons comment l'enfant est arrivé à

l'âge d'homme, nous l'avons vu se préparer vigi-
lamment aux devoirs d'une vie sérieuse. Augustin
vient d'atteindre sa vingt-deuxième année : il a
mûrement interrogé sa vocation pour le sacerdoce, il se sent le courage de se dévouer à cette
grande œuvre; mais il ne se dissimule pas
l'effort immense et nécessaire. Il n'a pas plus
que tout autre les vertus toutes faites et les passions vaincues d'avance. Il sait qu'il faut vaincre
aujourd'hui, demain, toujours, et il a accepté
le combat. Quoi de plus beau que ce sacrifice
pleinement conscient de lui-même d'un homme
juste et droit, clairvoyant et réfléchi, qui engage
sa vie et qui sait pourquoi ; qui, sans étourderie,
sans coup de tête et sans nulle surprise, — de
l'existence accepte toutes les rigueurs, toutes les
peines et tous les durs offices, répudie tous les
enchantements, toutes les ivresses, toutes les
délices et tous les délires, qui promet tout à
Dieu, et qui tiendra tout ce qu'il a promis !
Augustin a vingt-deux ans, disons-nous, et à
la veille de recevoir le sous-diaconat, c'est-à-
dire d'être à tout jamais la recrue de tous les
renoncements, le fiancé de la virginité, l'enrôlé
du sanctuaire, le soldat de la croix et le proscrit
du monde, après s'être jeté aux pieds des autels,
dans la retraite où s'épure la pensée, où l'âme

se prépare, voici ce qu'il écrit durant cette veillée
austère :

RÉSOLUTION DE LA RETRAITE DE NOEL 1811.

1° Je prends devant Dieu la ferme résolution de
ne passer aucun jour sans faire au moins une demi-
heure d'oraison mentale. Si je suis tenté d'y manquer, je penserai que ce n'est qu'à cette condition
qu'il m'a été permis de prendre le sous-diaconat. —
Mon Dieu ! faites-moi la grâce d'y rester fidèle !

2° Ma seconde résolution est de faire, au moins
une fois par semaine, mon oraison sur l'humilité, sur
la nécessité et les moyens de l'acquérir, pensant
souvent au grand exemple que Jésus-Christ nous en
a donné dans sa vie mortelle, à l'exemple de tous
les Saints...., réfléchissant sur mon néant, ma mi-
sère, mes péchés. — Que si j'étais tenté de me pré-
férer à quelque autre qui serait même un pécheur
public, je dois penser que si Dieu lui eût accordé les
mêmes grâces qu'à moi, ce pécheur en aurait mieux
profité ; — et si j'eusse été à sa place, j'aurais peut-
être fait pis encore. — L'humilité est absolument
nécessaire...., mais elle ne s'acquiert pas en un moment, elle ne s'acquiert pas sans les grâces de Dieu,
je dois donc la demander sans cesse à Dieu, surtout
dans l'oraison.

3° Je méditerai, une fois tous les quinze jours, sur
la dignité du sacerdoce, sur la sainteté qu'il exige....
Une autre fois, sur les avantages d'une foi vive e
animée, me rappelant sans cesse que l'esprit de
fait le bon prêtre, que le bon prêtre fait le bon

4° Le premier jour du mois, je méditerai sur la tiédeur, sur les maux qu'elle entraîne ;.... je tâcherai de me renouveler dans cet esprit de ferveur qui doit animer sans cesse un véritable disciple du Sauveur des hommes, et surtout un ministre de son sanctuaire.

5° Je méditerai encore, de temps en temps, sur les devoirs des ecclésiastiques, sur la nécessité du bon exemple, sur le zèle pour le salut des âmes, sur le respect humain...., etc.

Voilà dans quelles dispositions, — et, s'il est permis de s'exprimer ainsi, — par quelle hygiène de l'âme, par quel régime préventif le jeune homme se prépare à faire son premier pas vers les autels. Nous allons voir qu'en s'en approchant davantage, il s'imposera plus rigoureux encore ce jeûne moral et cette gymnastique de vertu qui assouplissent la nature en macérant la volonté. Le diaconat va créer pour lui de nouveaux devoirs. Il a étudié les imperfections qui mettraient comme un voile entre lui et Dieu ; il sait quelles fibres du cœur humain se révoltent en lui contre cette loi d'abnégation, de soumission et de résistance à soi-même, cette grande loi dont le christianisme révèle seul, ainsi que nous l'avons vu, le mystère, le principe et le but ; il revise le programme de sa piété, pour qu'il soit plus rigide à mesure que sa mission devient plus austère, et il écrit alors :

RÉSOLUTIONS PRISES DANS MA RETRAITE A PARIS,
3 SEPTEMBRE 1812.

Parmi les défauts en grand nombre que j'ai à combattre, les principaux sont le respect humain, l'amour-propre, la vanité, l'attache aux choses de ce monde, l'immortification, la faiblesse et l'*inudité* de caractère.., J'ai pris la résolution devant Dieu, la sainte Vierge et les Saints, de faire tous mes efforts pour tâcher, avec leur secours, de déraciner ces défauts de mon cœur, afin de me rendre un peu plus semblable à Notre-Seigneur et aux Saints, un peu plus utile à Dieu et à son Eglise.

Les vertus contraires à ces défauts sont l'humilité, la pauvreté, la mortification ; ce sont principalement ces trois vertus dont j'ai un extrême besoin ; les autres suivront celles-là.

En conséquence, j'ai pris les résolutions suivantes :
1° Relativement à l'humilité,

Je ferai ordinairement mon oraison sur cette vertu, je méditerai sur la connaissance de soi-même, sur les infinies perfections de Dieu et le néant des créatures, sur l'exemple et les paroles de Notre-Seigneur et des Saints, sur les avantages de l'humilité.....

Je la demanderai sans cesse à Notre-Seigneur, reconnaissant bien que de moi-même je ne pourrais acquérir une vertu aussi difficile et aussi étendue.

Je considèrerai comme dans mes actions je cherche ma propre satisfaction, ma propre gloire, comme je suis ignorant, incapable de tout, comme je crains de déplaire aux hommes, comme je cherche à leur plaire.

J'éviterai avec soin tous les retours d'amour-propre ; je me confondrai à la vue de mon néant, à la vue surtout de mes péchés....

A l'exemple de saint Vincent de Paule, je me regarderai comme un ver de terre qui cherche à se cacher de Dieu. Je me mettrai de temps en temps en esprit sous les pieds de ceux à qui je parle, me reconnaissant peu digne d'être avec eux comme plus grand pécheur.

Je prierai Dieu de me donner l'idée que je dois avoir de l'état auquel il me destine, pour m'humilier davantage.

Le matin, je pourrai prévoir les occasions que j'aurai de m'humilier ; je lirai de temps en temps les considérations que j'ai déjà faites sur ce sujet, les *Examens de M. Tronson*, etc.

J'éviterai de parler de moi, soit en bien, soit en mal, sans nécessité ; je tâcherai de me mettre dans la sincère disposition de m'humilier toujours, et de mettre en pratique cette grande maxime : *Ama nesciri*....

2° Quant à la vertu de pauvreté,

Je prierai Notre-Seigneur de me détacher des choses de ce monde, si viles et si méprisables. Je le prierai de m'attacher à lui seul. Il est certainement capable de remplir seul tout mon cœur. Je lui demanderai son saint amour, je méditerai sur la naissance, la vie et la mort de mon Sauveur, sur le désordre de l'attache aux choses de ce monde.... Un prêtre doit suivre Notre-Seigneur, et être crucifié au monde.... Je regarderai toujours Notre-Seigneur dans les pauvres, j'aurai soin de ne passer aucune semaine sans leur donner quelque chose. Enfin, je me regarderai comme mort absolument au monde, ne prétendant plus rien, ni à ses honneurs, ni à ses biens. — Dans les tentations que je pourrais avoir contre cette vertu, je penserai au bonheur d'une âme détachée des biens de la terre, au lit de la mort.

3° Pour la mortification,

Je dois mortifier mon intérieur : mon amour-propre ma vanité, ma curiosité pour les nouvelles ou la conduite des autres, ma mémoire, mon jugement, évitant tous les mauvais jugements... Et puis encore mes yeux, mes oreilles, mes désirs, ma volonté propre.

J'aurai soin également de mortifier la sensualité : dans mes repas, j'aurai soin de me priver en quelque chose, ne fût-ce que d'un fruit, d'un peu de sel, d'un peu de vin, etc. — Je m'examinerai fréquemment là-dessus, surtout pendant les vacances.

4° Je tâcherai de communier souvent, bien persuadé que c'est là le seul moyen d'éviter le relâchement ; et dans toutes mes communions, je demanderai à Dieu, avec son saint amour, le désir de l'humilité, de la pauvreté, de la mortification... ; je m'abandonnerai tout à lui, je lui ferai surtout part de toutes mes peines.

5° Je travaillerai à me rendre familière l'idée de la présence de Dieu, du bonheur du Ciel, de la brièveté de cette vie....

6° C'est surtout pendant les vacances que j'ai à craindre le relâchement. En conséquence, je ne manquerai jamais de faire mon oraison le matin, mon examen particulier, mon chapelet, ma lecture spirituelle, mon examen de conscience le soir. C'est alors surtout que je ne dois pas craindre le jugement des hommes.

7° Rentrant dans le Séminaire, j'aurai soin d'en observer exactement le règlement. — Pratiquer l'humilité, la pauvreté, la mortification, conserver un grand
esprit intérieur, une grande conformité aux volontés
de Dieu, surtout une grande union avec Dieu! Bien
faire et laisser dire : Hoc fac et vives.

Il m'a été surtout recommandé une grande union
en Notre-Seigneur, une grande douceur et une grande
ouverture pour toutes les personnes avec qui j'aurai
affaire : Ita deus adjuvet !

Ces pages, simples notes jetées, on le voit
bien, au rapide courant de la pensée, écrites la
plupart en abréviations presque inintelligibles
pour nous, pleines d'incorrections, de redites
et de sous-entendus, semblent comme étonnées
de voir ici la lumière ; mais elles n'en sont pas
moins la précieuse confidence d'une belle âme,
la confidence d'autant plus sincère, d'autant plus
authentique qu'elle est moins volontaire. C'est
un monologue murmuré tout bas dans l'ombre
et le silence, c'est l'*agenda* d'une fidélité qui
veut croître en s'épurant toujours. Or, nous
ne croyons pas avoir besoin de faire remarquer
longuement le caractère de sagacité pratique
empreint dans toute cette philosophie chrétienne.

Nous continuerons donc à fouiller ce volumi-
neux dossier de résolutions saintes où le prêtre
a puisé, jour à jour, le courage de ses abnéga-

tions, l'énergie de ses vertus, l'autorité de ses fortes leçons :

1813.

A dater de ce jour, pour me préparer à la prêtrise, je me propose d'arracher de mon cœur tout amour-propre, tout respect humain. Ces deux vices seront le sujet de mon examen particulier de tous les soirs. J'y examinerai combien de fois, dans la journée qui vient de s'écouler, le respect humain ou l'amour-propre se sont glissés dans mes actions, combien de fois j'ai pensé à ce que les hommes diraient, combien de fois cette pensée m'a engagé à faire ou à omettre quelque chose....

2° Je mettrai tous mes soins à acquérir principalement l'humilité, l'amour de Notre-Seigneur et celui de la sainte Vierge. Mon oraison sera ordinairement sur l'humilité. Pour obtenir l'amour de Notre-Seigneur et de sa sainte Mère, je la demanderai sans cesse à mon Sauveur, et pour cela, je pourrai tous les jours aller passer un quart d'heure au moins devant le Saint des Saints, méditant sur les grâces qu'il m'a faites, sur la bonté qu'il a eue de me pardonner tant de fautes ; et m'excitant à une grande douleur de mes péchés, je lui demanderai surtout son amour et la grâce de me faire mourir plutôt que d'être un prêtre tiède ou négligent.

3° J'aurai un soin tout particulier de faire toutes mes actions pour l'amour et la gloire de Dieu, et moyennant sa sainte grâce pour l'expiation de mes péchés. Je veux agir de la sorte, afin que je puisse m'exciter au désir de voir au plus tôt le Sauveur qui

m'a tant aimé, qui m'a racheté, qui m'a pardonné
tant de fautes.

4° Le dernier jour du mois, j'emploierai au moins
une demi-heure à repasser tous mes actes, pour voir
de quelle manière je les ai accomplis, et quel en a
été le motif. J'aurai soin encore d'examiner quels
progrès j'aurai faits dans l'humilité et dans l'amour
de Notre-Seigneur.

Le lendemain, qui sera le premier jour du nouveau mois, j'emploierai une autre demi-heure à
prendre de bonnes résolutions pour tout le mois, à
prévoir ce que j'aurai à faire, à me prémunir surtout contre le relâchement. Je tâcherai aussi de profiter des fautes que j'aurai commises, pour m'en
garantir.

Je m'exciterai encore à servir Dieu avec ferveur
par la considération de la dignité d'un prêtre, par
l'exemple des Saints, et par tous les motifs que j'ai
d'être un bon prêtre.

5° Je tâcherai de pratiquer un peu de mortification dans mes repas, dans mes paroles....; et lorsque
je serai assis, j'aurai soin de tenir mon corps dans
une posture convenable pour la présence de Dieu....
Si je suis tenté de dormir, je me tiendrai debout....

Il en est qui trouveront peut-être puéril ou
excessif ce programme de vertueuse discipline ;
il en est qui trouveront inutiles ces multiples
précautions prises contre soi-même. L'homme
est pourtant ainsi fait, qu'il a besoin de maîtriser tous les mouvements de son âme, de dominer, minute par minute, toutes les heures de

ses journées, de régler une à une toutes les pulsations de son être.

Les passions de l'homme sont semblables à la plante, qui puise dans la graine non-seulement le germe, mais le premier aliment de sa vie. Laissez naître un instinct dangereux, laissez poindre une pensée mauvaise, la passion naissante se nourrira d'elle-même, et vous serez vaincu pour n'avoir pas veillé, le serpent vous enlacera de ses replis immenses, parce que vous n'aurez pas écrasé l'œuf misérable et méprisé qui germait sous vos pieds,

Étrange logique ! Des esprits altiers déclarent d'abord la vertu chrétienne inaccessible à l'homme, et, d'autre part, trouvent exagérés les seuls moyens efficaces pour arriver jusqu'à elle. C'est qu'il est bien plus aisé de nier une vertu que de la conquérir, et de rire d'un sacrifice salutaire que de se l'infliger.

IV. — Pour nous, nous avons dit que nous montrerions comment se fait un prêtre, et nous l'avons montré. Il nous reste à voir comment il se complète, comment, avec un modèle divin devant les yeux, il marche toujours plus avant dans sa voie de perfection progressive.

Le prêtre voit encore sa tâche s'agrandir : il

avait pour mission de veiller sur son âme, il aura
bientôt à sauvegarder l'âme des autres ; il com-
battra encore, et se fortifiera toujours pour le
combat dans la prière :

La Louvesc, 11 septembre 1815.

Après avoir passé cinq jours en retraite auprès du
tombeau de saint François Régis, j'ai pris les résolutions suivantes, que je désire observer toute ma vie :

1° Je serai scrupuleusement fidèle à observer les
saintes Règles de saint Sulpice, et ne m'en écarterai
jamais sans une permission expresse des Supérieurs.

2° Je ferai tous les mois un jour de retraite pour
examiner si j'ai fait quelques progrès dans la vertu,
si j'ai été bien fidèle aux résolutions que j'avais prises dans ma retraite de Paris, et pour me préparer
à la mort.

3° Je donnerai régulièrement aux pauvres toutes
les semaines, et m'efforcerai d'avoir un grand amour
pour eux, à l'exemple de saint François Régis.

4° Je pratiquerai la mortification en me privant des
nouvelles, en évitant tout ce qui pourrait me faire
blesser la charité et la modestie. Pour cela, je serai
très-réservé dans mes paroles et mes regards, je
veillerai sur ma langue et mes yeux, et ce sera la
matière de mon examen particulier.

5° Je demanderai tous les jours à Dieu le troisième
degré d'humilité.

6° Je demanderai encore une grande générosité
dans le service de Dieu, un grand amour de Notre-
Seigneur, la science de sauver les âmes et de faire

de saints prêtres; l'amour de la pauvreté, de la mortification et de l'humilité, une grande pureté de l'âme et du corps, un amour tout particulier pour la sainte Vierge et mon Ange gardien; enfin les grâces nécessaires pour remplir dignement les grandes fonctions auxquelles Dieu m'a destiné.

Je demanderai surtout la grâce de ne voir que Dieu seul en tout et partout, de n'aimer que lui, mais de l'aimer de tout mon cœur.

Je renouvelle toutes les résolutions que j'avais prises dans ma retraite à Paris; je prie Dieu de me pardonner tous les manquements que j'y ai faits. Je me propose d'y être plus fidèle dans la suite. Je me mets sous la protection de la très-sainte Vierge et de saint François Régis.

11 septembre 1815.

Quoique j'aie manqué à beaucoup de mes résolutions, cependant je les renouvelle toutes, et surtout celle d'un jour de retraite par mois, et j'y ajoute celle de faire chaque mois la préparation à la mort.....

La Louvesc, 17 juillet 1816.

Ainsi, chaque période d'une existence vouée de la sorte à Dieu, d'une existence qui ne coûtera une seule larme à personne, qui prêchera à toute heure la sainte devise de l'Evangile : *Aimez Dieu, aimez-vous les uns les autres !* qui sera pleine d'amour et de charité, et prendra place comme un anneau vivant dans la tradition des vertus immortelles ; ainsi chaque année, chaque événement important d'une telle

existence aura son redoublement de ferveur et
de piété, son plan toujours plus complet d'œuvres saintes. Citons encore :

RETRAITE DE LA SOLITUDE, 1819.

J'adore Dieu ici présent et tout bon à mon égard.
Qu'il soit à jamais béni pour tout ce qu'il a fait pour
moi, le plus misérable pécheur de tous les hommes,
et surtout pour ce qu'il m'a donné une si belle
vocation dont j'ai toujours été indigne, et dont je
me rends tous les jours plus indigne par mes infi-
délités.

Ma vocation à saint Sulpice est une faveur qui
mérite toute ma reconnaissance. C'est une grâce
infiniment précieuse, non-seulement parce qu'elle me
donne beaucoup de ressemblance avec Jésus-Christ,
occupé dans la retraite à former des apôtres et des
ministres pour son Eglise ; non-seulement parce
qu'elle me fait entrer en la compagnie de tant de
saints prêtres d'autant plus agréables à Dieu qu'ils
ont mené une vie plus humble et plus cachée, mais
encore parce qu'elle me met hors des occasions de
me perdre dans le monde, où vraisemblablement je
me serais malheureusement perdu dans le ministère
extérieur, et qu'elle me procure les moyens les plus
propres pour ma propre sanctification. Je remercierai
Dieu, au moins de temps en temps, d'une pareille
grâce, et le prierai de me rendre digne enfant de
M. Olier.

Je ne dois pas oublier que plus ma vocation est
sublime, plus elle demande de sainteté et de fidélité. Un sulpicien qui répond bien à la fidélité de sa

vocation, est un grand saint ; mais j'ai tout à craindre de ma légèreté, de mon inconstance, de mon immortification, de mon goût pour le monde et les choses du monde; tant de défauts qui sont en moi, et que j'ai eu si peu de soin de déraciner !

Je m'abandonne tout entier pour le temps et l'éternité à Notre-Seigneur, à la sainte Vierge qui est ma très-bonne mère, et à tous mes patrons.

Je veux désormais, avec la grâce de mon Dieu que j'implore de tout mon cœur, ne vivre que pour lui et pour son Eglise. Oh ! qui me donnera d'être tout à Dieu et d'être entièrement mort au monde. Ce qui est très-important pour moi, est de faire, outre la retraite de chaque année, un jour de retraite par mois : ce sera ordinairement le premier dimanche du mois, ou quelque autre jour de la fin ou du commencement du mois qui me serait plus commode. Je ferai mon oraison sur la manière dont j'ai servi et aimé Notre-Seigneur le mois précédent. Je lirai dans la matinée tous mes règlements et toutes mes résolutions pour examiner la manière dont j'y ai été fidèle. Dans l'après-diner, je ferai une heure d'adoration du Saint-Sacrement pour me consacrer tout de nouveau au Cœur de Notre-Seigneur, et lui demander son secours pour ce mois et toute ma vie. Le soir je ferai, avant de me coucher, la préparation à la mort et la recommandation de l'âme, ainsi qu'il est marqué dans Bellecius.

Dans toutes mes actions, dans toutes mes démarches, je considèrerai la volonté de Dieu, et ce sera le grand motif de toutes mes actions.

Je tâcherai de pratiquer cette maxime de saint François-de-Sales : *Ne rien désirer et ne rien refuser.*

Je tâcherai de pratiquer beaucoup de douceur et de charité envers tout le monde. Je ne reprendrai jamais avec aigreur, je me souviendrai qu'en classe rien n'édifie autant les jeunes gens que la patience du professeur et sa douceur accompagnée d'une fermeté qui ne se fait point sentir, comme rien ne les scandalise davantage que lorsqu'ils voient le professeur irrité et en colère.

Je prendrai pour maxime de tous mes rapports avec les jeunes gens, surtout dans les réprimandes que je pourrai avoir à leur faire, de chercher uniquement leur bien propre, le bien général de la maison, le bien de l'Eglise, la gloire de Dieu.

Je me ferai un point capital du règlement de la maison. Je me trouverai à tous les exercices, à moins que pour obéir à M. le Supérieur, je ne fusse occupé ailleurs. Je ne demanderai jamais, à moins de quelque grande raison, la permission de m'absenter des exercices de la communauté, surtout des récréations et promenades. Je serai fidèle à assister à l'oraison, à l'examen particulier, aux repas, récréations, lecture spirituelle, grand'messe, vêpres, exercices généraux de répétition, d'examen, sans jamais témoigner ni ennui, ni embarras, ni trop d'occupation.

Je me souviendrai que Dieu me jugera rigoureusement sur chacune de mes actions, et surtout sur l'emploi de mon temps et le règlement qu'il m'avait donné.

Je ne dois pas perdre de vue que je n'ai fait aucun bien de ma vie, que j'ai fait au contraire beaucoup de mal, sans parler des péchés de mon enfance ; j'ai mal récité l'office, dit la Messe, fait mon action de grâces et mes autres actions de la journée. Je suis entièrement ignorant dans la science de l'oraison, de l'humilité, de l'abnégation, de la mortification, de la pauvreté, et surtout du recueillement.

Je ne devrai pas oublier que Jésus-Christ est mon modèle et dans son intérieur et dans son extérieur. Mon esprit, mon cœur, mes actions, mon maintien extérieur, tout cela devrait être semblable à l'esprit, au cœur de Jésus-Christ. De quoi s'occupait l'esprit de Jésus-Christ? De quoi son cœur était-il touché? Quel était le principe et la fin de ses actions? Quelle était sa modestie? *Per modestiam Christi*, disait saint Paul.

Jusqu'à présent j'ai mal fait mon oraison; je dois le reconnaître à ma grande confusion, et prier Dieu de me pardonner une si grande faute. Pour tâcher de la mieux faire dans la suite, je ne me coucherai jamais sans déterminer le sujet et les principaux points de mon oraison du lendemain; j'irai toujours demander à Jésus dans le Saint-Sacrement la grâce de la bien faire; en la faisant, je suivrai la méthode ordinaire, donnant toutefois la plus grande partie aux affections. Je prendrai toujours une ou deux résolutions, comme de me mettre en esprit aux pieds de tout le monde, de m'anéantir au commencement de mes actions, etc. Après mon oraison ou la sainte Messe, je prendrai toujours quelques moments pour revoir la manière dont j'ai fait mon oraison.

La dissipation me nuit considérablement. Je m'appliquerai au recueillement. Dans mon extérieur, j'éviterai toute précipitation, et tâcherai de pratiquer la modestie ainsi qu'elle est recommandée par M. Tronson. J'ai besoin surtout de veiller sur mes yeux, et de ne pas tourner la tête comme je fais.

J'aurai, à l'égard de M. le Supérieur du Séminaire où je serai, la plus grande docilité ; je ne ferai rien sans son agrément et sans le consulter, comme je ferai tout ce qu'il désirera, quelque répugnance que j'y trouve, m'abandonnant pour le reste à la Providence, qui est admirable envers ceux qui s'abandonnent à elle avec confiance. Je conformerai mon jugement au sien en tout, et si je croyais devoir penser autrement, je ne ferais rien sans écrire au Supérieur général.

A l'égard de mes confrères, j'aurai pour eux toute l'estime, toute l'affection, toute la prévenance possibles. Je me tiendrai en garde contre la jalousie ; je me réjouirai du bien qu'ils feront, je remercierai Dieu des talents qu'il leur a donnés, et le prierai très-particulièrement pour eux ; j'éviterai avec soin ce qui pourrait les fatiguer en moi.

Je ne jugerai jamais hors le tribunal de la pénitence des intentions de personne. Je prendrai en bonne part les actions de tout le monde ; je les excuserai non-seulement devant les autres, mais encore au dedans de moi-même, autant qu'il sera possible.

J'ai remarqué que ce qui édifiait le plus dans un directeur du Séminaire, c'était la mortification et le recueillement pratiqués sans ostentation et sans gêne. Je pratiquerai la mortification en observant les règles d'une exacte tempérance ; je serai trop heureux si je suis nourri comme les séminaristes ; mon déjeûner sera sobre : un peu de pain.

Je ne me plaindrai jamais de la nourriture.

Dans une prochaine retraite, je mettrai en ordre les idées que j'émets ici, j'y ajouterai celles que le bon Dieu m'inspirera.

Je lirai chaque année, au moins une fois, la vie de

M. Olier, et dans ma retraite, le livre de ses vertus
en entier. Je me recommanderai souvent à M. Olier
et aux autres saints prêtres de Saint-Sulpice qui sont
maintenant dans le Ciel.

J'aurai une dévotion toute particulière pour le nom
sacré de Jésus et celui de Marie. Je répandrai cette
dévotion autant qu'il sera possible, surtout parmi les
séminaristes.

J'honorerai d'une manière spéciale Marie ma très-
bonne mère, surtout sa vie intérieure dans le temple
et à Nazareth, et ses autres mystères, son union avec
Jésus, et je serai fidèle à réciter le chapelet et les
autres prières en son honneur, à élever souvent mon
âme vers elle.

J'élèverai particulièrement mon cœur au Cœur
sacré de Jésus, à neuf heures et à trois heures. Je
m'unirai avec tous les cœurs qui s'y réunissent, et je
prierai ce divin Sauveur de m'y donner une petite
place. Je demanderai la même chose pour les âmes
qui me seront confiées ou qui l'auront déjà été.

Un autre point capital est l'examen de conscience.
Tous les soirs avant de me mettre au lit j'examinerai
la manière dont j'ai fait mes actions de la journée,
surtout les exercices de piété, la manière dont j'ai
pratiqué l'humilité, l'union avec Notre-Seigneur ; je
ferai un acte de contrition comme si je devais mourir
cette nuit-là même.

L'objet de mon examen particulier sera ou l'humilité ou la fidélité aux pratiques de piété. Je commen-
cerai par l'humilité. Avant midi et avant le coucher,
j'examinerai quelles fautes j'ai commises contre cette
vertu par amour-propre et si j'ai eu soin de m'a-
néantir de temps en temps en la présence de Dieu,

10

au commencement de mes actions, et aux pieds des
autres.....

V. — Voilà qui suffit sans doute, et le but
que nous nous étions proposé est déjà plus
qu'atteint.

Voilà le prêtre. — Et si quelqu'un demandait de nouveau à quoi bon ? pourquoi cette
vie garrotée de la sorte dans les liens d'un
devoir si rude ? C'est que celui-là n'aura point
encore compris que cette vigilante rigueur peut
seule refouler dans l'antre du cœur les instincts
méchants de la bête humaine. Et si l'on demandait toujours : à quoi sert ce martyre de la
volonté ? à quoi sert le prêtre ? à quoi sert
la passion vaincue ?

Nous dirions, nous : Aveugle qui ne voit
pas l'œuvre continue et la mission perpétuelle
de l'apostolat chrétien ! Aveugle qui ne sait pas
que toute la civilisation moderne est dans ce
mot dédaigné, le mot de l'Evangile : Charité,
Charitas, amour ! Aveugle qui n'a pas vu que
ce sont toujours les passions indomptées, in-
domptables, les vices furieux, fils des passions,
qui s'agitent depuis trois mille ans sur la scène
du monde, les mains sanglantes de tous les
crimes de l'histoire. Non ! il n'est pas de vice

qui n'ait chaque jour son crime ! pas de passion
qui ne puisse s'appeler tour-à-tour meurtre,
spoliation, tyrannie! turpitude ! Depuis dix-
huit cents ans, la main des bourreaux ne s'est
lassée que parce que les voix qui proclament
l'Evangile ne se reposent jamais.

Qu'on ne demande donc plus pourquoi l'homme
doit se vaincre lui-même !..... L'homme doit se
vaincre parce qu'il est mauvais, et il est mauvais parce qu'il est déchu. Et la seule bonté,
la seule beauté, la seule grandeur qui reste
à sa nature, sa vraie gloire parmi les hommes,
comme son unique réhabilitation devant Dieu,
c'est l'acceptation et l'amour du sacrifice.

Voilà le prêtre, avons-nous dit, et voilà la
vertu. Voilà comme elle se forme, grandit et
reste digne de son vrai nom, qui est FORCE,
qui souvent pourrait être HÉROÏSME.

Voilà le prêtre !

Tous n'ont pas, il est vrai, le même rôle dans
la même croyance ; tous n'ont pas, au même
degré, la mission si lourde et si belle, le devoir
si magnifique et si dur. Cette perfection, qui
s'achève et s'accomplit à chaque instant dans
le silence, la méditation et la lutte, elle n'est
pas demandée à tous ; elle est dans l'ombre des
tabernacles la lampe éternelle où viennent se

rallumer les vertus plus vulgaires ; elle est le foyer où se conservent, en s'épurant toujours, les flammes sacrées de la civilisation chrétienne qui, de là se propageant au loin, alimenteront le trésor commun de foi, d'espérance et de charité, de piété, de dévoûment et de bienveillance universelle.

Cette perfection, tous pourront l'admirer, l'imiter parfois ; tous ne pourront pas prétendre à l'égaler toujours : *Non omnia possumus omnes.*

Même avec autant de vertu, il ne sera pas toujours donné au prêtre d'avoir les mêmes lumières, d'avoir une intelligence si haute et si sagace, des voies qui mènent au bien, de se créer une méthode si sûre dans la pratique des œuvres qui mènent à Dieu ; mais qui le voudra pourra du moins emprunter au pieux Supérieur les belles et bonnes inspirations dont sa mort a légué le secret ; entrer, pour ainsi dire dans le mystérieux sanctuaire où se sont formés ses mérites, prendre enfin, après lui, possession de cette invisible cellule où la méditation et la prière appellent la sainteté.

Qu'il en soit ainsi, que cette belle vie à laquelle nous nous arrachons à regret, que cette vie d'un vrai prêtre chrétien, devienne pour chacun un utile conseil, pour beaucoup, s'il se peut, un modèle, et l'on pourra appliquer à M. Péala, aussi justement qu'à personne, ces paroles de Grégoire de Nazianze, père illustre et poète inspiré : Heureux qui du travail de ses jours sert le seigneur, et de sa vie fait une règle pour beaucoup d'autres !

NOTES

——

NOTE 1re

La béate, est une femme vouée à la vie pieuse et à
l'instruction des modestes habitants de la campagne,
et relevant d'une institution toute locale digne d'un
vif intérêt. On peut, sur ce sujet, voir l'intéressant
petit livre de M. l'abbé Hedde, vicaire de Notre-
Dame du Puy.

NOTE 2.

M. Péala, avons-nous dit ailleurs, avait eu deux
oncles dans le sacerdoce : l'un est le digne vieillard
dont il est ici question ; l'autre, ordonné seulement
en 1789, mourut après neuf ou dix an de prêtrise.

I faut citer, à propos de celui-ci, un fait honorable
pour tous ceux qui y prirent part. Arrêté pendant
la Terreur, au momen où il venait d'administrer
les Sacrements, il fut dirigé sur les prisons de Va-
lence. La conduite des gendarmes fut noble et géné-

reuse alors. « Il ne convient pas, dit le brigadier
au prêtre, que vous voyagiez avec nous ; voilà mon
cheval et mon manteau : vous nous attendrez à tel
endroit. » Et l'on convint du lieu. M. Péala accepta
de grand cœur, et fut rejoint à l'endroit indiqué par
ceux qui avaient déploré la mission de l'arrêter. Il
assurait, dans la suite, que la pensée de fuir n'avait
même pas traversé son esprit; il n'eût d'ailleurs pas
voulu, ajoutait-il, compromettre ces braves militaires.
Il passa trois mois en prison, et y devint, au rapport
de M. de Rachat, un modèle d'édification et de fermeté. Il fut élargi à la mort de Robespierre ; mais il
avait contracté dans les fers une maladie dont il ne
guérit jamais entièrement, et qui abrégea ses jours.
Il mourut vicaire de Lapte, vivement regretté de
tous les paroissiens. Il avait écrit l'histoire des prêtres
assermentés du département. M. de Rachat lui demanda s'il ne craignait pas qu'un pareil écrit man-
quât de charité, et l'histoire fut jetée au feu.

NOTE 3.

Ces vers d'un jeune homme auront sans doute,
pour quelques-uns, un réel intérêt. Les voici :

O felix! ô fausta dies ! quâ cernere vultum
Præsulis augusti, meritas persolvere laudes
Sinceriquc datur testari pignus amoris.
Sed laudare satis, dignasque rependere grates
Haud opis est nostræ : quid enim male tuta tyronis
Dicere musa valet ! quamvis, dignissime præsul,
Nil majus reperire queat, nec dignius omni
Laudis honore, simulque pio conamine mentis.

Nobile tu nomen miris virtutibus ornas,
Factus et antistes propter merita inclyta, tantum
Munus obis, filique vices pastoris adimples
Ut nemo melius : vigiles in pectore curas
Affectusque pios quibus omnibus omnia factus
Tu geris, æternæque per optima pascua vitæ
Tu·teneras deducis oves; oviumque magistros.
Nota tua est pietas, indefessique labores
Certatim celebrantur ubique et ad astra feruntur.

Non secus ac verno redeunti tempore, tellus
Floribus omnimodis tegitur, commissaque læto
Semina ruricolæ multo cum fœnore reddit,
Sic tua multiplici mens insignita refulget
Virtute : a teneris ingenti culta labore
Evolvit varias dotes, studioque paterno
Ad gregis augmentum fructus expandit amœnos.

Tu vir apostolicus divino munere nobis
Concessus, duce quo re livivo Ecclesia surgat,
Te veniente sui redeunt virtutis honores;
Vera patent et schisma jacet; scelerata furores
Comprimit impietas, prostratis hostibus, alma
Relligio surgit victrix: tam læta vivendi
Anxia spes fuerat, sed quam sint dulcia, dudùm
Perfruimur, cessent suspiria, votaque cessent,
Relligio est florens, Ecclesia tuta triumphat,
Det tamen æternos Deus hæc mansura per annos.
Sed quid plura moror ? Superesset dicere quanta.
Te moveat pietas nostros invisere campos,
Flaminis ut sacri sacros in mentibus ignes
Fervidus ascendas, septenaque dona ministres,
Cum quibus audaces, media inter prælia simus

Horridaque inferni divino chrismate fortes
Agmina vincamus : manet altâ mente reposta
Tanta tua hæc pietas, memorique est tradita corde,
Semper honos, nomenque tuum, laudesque manebunt.

Interea nobis liceat, dignissime præsul,
Auspice te, toto studiis incumbere corde.
Si bonus aspicias venient prosperrima cuncta,
Adde animis vires, titubantibus annue cæptis.
Sint pro laude tuâ, sint et pro munere nostro,
Quo sincera tibi summo de corde dicamus
Vota : procul fugiant caro de vertice casus.
Si qui sint miseri, felicibus utere fatis,
Dirigat usque tuos per cuncta pericula gressus
Incolumes Deus, et multos tueatur in annos
Sœpius ut redeas, eadem benefacta daturus,
Tranquillâque diu, te sospite, pace fruamur.

NOTE 4.

M. Robin, également uni à la famille Péala par
les liens de la parenté, est mort chanoine de Notre-
Dame du Puy. Bon pour tout le monde, il était très-
sévère à lui-même : il se levait à quatre heures du
matin, priait beaucoup, jeûnait souvent, et ne prenait,
à sa collation, qu'un peu de pain détrempé dans l'eau.
Il avait eu, pendant la Révolution, la gloire d'être
emprisonné pour la foi.

M. Péala, dans les *Conférences sur la Révolution
française*, a consacré les plus affectueux souvenirs à
M. Bauzac, à M. de Rachat et à sa famille, et à tous
les dignes prêtres qui avaient aimé son enfance.

NOTE 5.

SUR L'ÉTABLISSEMENT DU PETIT-SÉMINAIRE.

M. Péala, ayant tout réglé pour l'érection du Petit-Séminaire, profita de l'autorisation qu'il avait enfin obtenue d'aller à Paris pour y faire sa solitude. Et là encore, il ne put pas oublier une œuvre qui était la sienne, et qu'il chérissait presque à l'égal du Grand-Séminaire. Pendant les deux ans qu'il passa à Saint-Sulpice, il ne cessa point de s'informer des moindres détails; il entretint une correspondance des plus suivies avec le Directeur du nouvel établissement, lui prodigua les encouragements et les conseils; il lui envoyait avec soin les livres de pédagogie qui lui tombaient sous la main, et tous ceux qu'il croyait lui être utiles.

De retour au Puy, ses relations avec le Petit-Séminaire furent encore plus intimes : il le visitait souvent, et tous les professeurs, sans exception, lui témoignaient, par leur empressement à le recevoir, l'importance qu'ils attachaient à ses précieuses visites.

Lorsque les ordonnances de 1828 vinrent apporter quelques entraves à l'enseignement des Petits-Séminaires, il contribua surtout à rassurer les esprits qui s'intéressaient à l'avenir de la Chartreuse. Il crut alors devoir combattre les craintes exagérées, et, selon lui .moins éclairées que bien intentionnées, de ceux qu avaient trouvé, dans ces nouvelles prescriptions de l'autorité. un motif d'opposition acerbe contre le gouvernement.

Sans nul doute, il déplorait, et avec beaucoup d'a-
mertume, les mesures qui éloignaient les Jésuites de
l'enseignement ; mais il ne croyait pas pouvoir s'affliger de celles qui tendaient seulement à fermer
l'entrée des Petits-Séminaires aux jeunes gens qui
ne se destinaient pas à l'état ecclésiastique. Un enseignement spécial, adapté aux dispositions de chacun,
lui semblait indispensable au bien du sacerdoce. L'i-
dée que les familles pourraient amener dans l'établissement, en désespoir de cause, des enfants qui
avaient mal commencé ailleurs, ne pouvait lui agréer.
Il ne sentait pas du tout le besoin de voir l'avenir austère du jeune lévite troublé, compromis quelquefois
par le contact de destinées plus mondaines.

La turbulence, les jeunes ambitions, les passions
moins combattues d'élèves voués d'avance à des car-
rières bien différentes, pouvaient en effet, à bon
droit, lui faire redouter de sérieux dangers.

Et cette pensée finit par prévaloir généralement
dans l'esprit du Clergé.

NOTE 6.

Il n'est pas inutile de citer le texte même
du décret par lequel le Concile de Clermont
recommande instamment au zèle et à la générosité de tous la formation des bibliothèques
cantonales :

Carissimi nostri cooperatores, totis viribus in
unâquàque regionali parœ:ià ecclesiasticæ biblio-
thecæ institutionem procurare satagent, rati pluri-
mum facturam ut optimè cedant collationes, Ad eam

informandam quisque pro suâ parte concurrat. Pluribus autem citò voluminibus locuples fiet, *dummodò singuli presbyteri à vitá migraturi libros sibi sumptu magno paratos, et pretio vili jam venum ituros, ad illam bibliothecam dirigendos curaverint.*

NOTE 7.

Il convient sans doute de reproduire ici les articles nécrologiques des journaux de la localité. Ces articles, émanés d'hommes recommandables à divers titres, prouvent combien les regrets inspirés par la perte de M. Péala frappaient vivement et généralement tous les esprits. Par une heureuse coïncidence, ils se trouvent exprimer simultanément, sur une tombe, l'affection pieuse des vétérans du sacerdoce, la vénération et la sympathie du jeune clergé, la haute estime enfin des hommes du monde :

Une perte bien douloureuse pour la religion et pour la société vient d'affliger la ville et le diocèse du Puy. Le vénérable M. Péala, Supérieur du Séminaire et vicaire général, a terminé lundi dernier, dans sa soixante-quatrième année, sa sainte et pacifique carrière.

Nous n'avons rien à apprendre à nos compatriotes, encore moins au clergé du pays, sur une vie dont les moindres détails sont dans tous les souvenirs et dans tous les cœurs.

Directeur ou Supérieur du grand Séminaire pendant

plus de quarante ans, M. Péala pourrait avoir pour historiographes, comme il a pour admirateurs de ses vertus, presque tous les prêtres employés aujourd'hui dans les diverses fonctions du ministère, qui ont été ses élèves et qui sont restés toujours ses amis.

C'est de ce témoignage unanime, de ce tribut universel de larmes, de regrets, auquel chaque jour vient encore ajouter à mesure que la nouvelle d'une mort si peu attendue se répand dans les paroisses du diocèse, que se composerait pour les étrangers l'histoire si touchante et si pleine d'édification du saint homme que nous pleurons.

Une sérénité d'âme qu'aucune souffrance, aucun événement ne parvinrent jamais à troubler, une simplicité dans la conversation et les manières qui encourageait les plus timides, en tempérant l'autorité sous les formes du plus aimable abandon et, pour couronnement de ces qualités si propres à attirer la confiance, une charité poussée jusqu'à l'abnégation : voilà ce qui frappait dès le premier abord dans l'homme éminent qu'un commerce plus assidu faisait bientôt apprécier sous d'autres rapports.

C'est surtout en fait d'éducation qu'il faut reconnaître la vérité de cette maxime : *La leçon est lente et l'exemple entraîne.* La vie de M. le Supérieur était un livre continuellement placé sous les yeux de ses séminaristes, où chacun pouvait lire, tous les jours et dans tous les instants du jour, les vertus et les devoirs qui caractérisent les saints prêtres. Ainsi, pour nous borner aux points les plus culminants, quelle plus éloquente prédication de l'ordre, de la mortification, de la prière, du travail, que cette vie de veilles, d'une étude assidue, qui ne cédait que devant les obligations et les bienséances de la charge? Quel exemple pour des jeunes gens dans la force de la santé et de l'âge, que ce vieillard à qui des ménagements, un peu de délicatesse même, semblaient devenus nécessaires, debout avant la communauté, priant aux pieds des autels quand tout dormait encore autour de lui, obéissant ponctuellement à toutes les exigences du règlement pour les repas, l'isolement, le silence, l'emploi des heures de la journée, et ne réclamant d'autre privilége que celui d'ajouter aux rigueurs de la vie commune une plus large part de privations et de sacrifices !

Dire maintenant quelles bénédictions le Ciel s'est plu à répandre sur les jeunes plantes si péniblement cultivées et dans un concert si parfait entre le Supérieur et les pieux directeurs associés à ses travaux, ce serait raconter les mérites de tant de dignes ecclésiastiques dont la vie n'est que le reflet du modèle qu'ils ont eu le bonheur d'imiter pendant les jours de leur noviciat clérical. Ajoutons un autre fruit de ce zèle si soutenu, si infatigable, les productions que M. Péala a pu mettre au jour au milieu de tant d'autres occupations qui semblaient devoir absorber tous ses moments : le *Traité sur les Indulgences* qui a eu plusieurs éditions, les *Conférences ecclésiastiques* que tous les diocèses de France nous envient, et qui partout ont été reçues avec un empressement qui ne s'est point refroidi, même après l'apparition des livres écrits sur les mêmes sujets et par des hommes aussi distingués par leurs talents que pour la position éminente qu'ils occupent dans l'Eglise.

Hélas ! un jour devait venir où les forces succomberaient sous un travail qu'elles étaient impuissantes à soutenir. Les amis et les parents de M. Péala l'avaient souvent conjuré de relâcher quelque chose d'une contention qui altérait sensiblement sa santé. Des menaces d'attaque, une vieillesse anticipée, une lassitude générale étaient autant de voix par lesquelles la nature faisait entendre des réclamations qui n'étaient pas plus écoutées. Indifférent pour tout ce qui ne regardait que lui-même, le saint prêtre ne se proposait qu'un seul objet : se dépenser tout entier au service de Dieu et de l'Eglise. Le Ciel a accepté son Sacrifice : après une courte maladie, pendant laquelle il a reçu tous les jours Celui qu'il ne pouvait plus offrir sur l'autel, il s'est éteint doucement au milieu de sa chère famille du Séminaire.

Ses obsèques ont eu lieu mercredi dernier, dans l'église cathédrale, malgré l'opposition de MM. les directeurs du Séminaire qui, fidèles aux traditions de simplicité, de modestie toujours si exactement observées dans le congrégation de Saint-Sulpice, auraient désiré que tout se renfermât dans l'église du Séminaire. En l'absence de Monseigneur l'évêque, dont ils étaient sûrs d'interpréter les sentiments, MM. les vicaires généraux et MM. du Chapitre ont voulu que la ville entière pût participer à un hommage plus solennel, qui était d'ailleurs réclamé de toutes parts. Jamais, en effet, une assistance plus nombreuse et plus recueillie ne témoigna plus hautement de ses douloureuses sympathies. On voyait dans le cortége des magistrats, de hauts fonctionnaires, l'élite de la société, confondus avec les artisans, les pauvres, ces pauvres si tendrement aimés du bon Supérieur et si redevables à son ingénieuse charité.

Un Clergé nombreux, composé de tous les ecclésiastiques de la ville et des environs, précédait le Chapitre en corps. Le Séminaire fixait principalement les regards. On eût dit une famille entourant le corps d'un père chéri. Ces dignes élèves du meilleur des maîtres, qui lui avaient prodigué les soins les plus affectueux, et que l'obéissance seule pouvait arracher du pied de son lit, tant que leurs veilles et leurs efforts avaient pu être de quelque utilité, n'avaient voulu céder à personne l'honneur de le porter au lieu de la sépulture.

A la tête du deuil trois frères du vénérable Supérieur : M. Claude Péala, accompagné de ses jeunes fils; M. Pierre Péala, archiprêtre de la cathédrale ; M. Régis Péala, curé de Tence; des parents, des amis marchaient derrière le char funèbre. Tous les yeux se baignaient de larmes à la pensée de la plaie si profonde, si douloureuse que la mort venait d'ouvrir dans des cœurs si étroitement unis et si bien faits pour se comprendre. On se représentait surtout celui que l'on ne voyait pas, le vénérable chef de cette tribu sacerdotale, vieillard de 98 ans, déjà condamné à pleurer plusieurs de ses enfants, dont deux, marchant sur les traces de leur aîné, s'étaient consacrés comme lui au service des autels.

Puisse ce terrible coup, le dernier probablement que la Providence ait réservé à son cœur paternel, être adouci par la pensée d'être, après Dieu, le premier auteur, par l'éducation et l'exemple, des vertus déjà récompensées dans le ciel, et de celles qui continuent de se perfectionner sur la terre pour obtenir la même couronne !

Ces lignes sans signature sont, on le sait, l'œuvre d'un des prêtres les plus distingués du diocèse, qui doit à sa position, moins encore qu'à son mérite, l'autorité de sa parole.

Une autre voix, partie du cœur, s'exprime à son tour en ces termes :

Quand la mort vient frapper, au milieu de la tribu sacerdotale, une de ces têtes vénérables qui faisaient sa gloire et son ornement, et dont la perte, vivement sentie, ouvre une large brèche dans ses rangs, n'est-il pas du devoir de tout prêtre de payer son tribut de regret à cette mémoire vénérée, et de rappeler tous ses droits à la douleur publique ? Ce pieux office, nous nous croyons appelé à le remplir envers M. PÉALA, Supérieur du Grand-Séminaire du Puy, lui qui s'était plu à nous entourer de sa bienveillance, à nous assister de ses conseils, et, j'oserai même dire, à nous honorer de son amitié. Aussi, plus d'une fois, en traçant ces lignes, a-t-il fallu faire effort sur nous-même pour maîtriser l'émotion qui nous dominait ; plus d'une fois at-il fallu nous arrêter pour donner un libre cours à nos larmes.

Nous nous empressons de livrer au public nos impressions. Peut-être est-ce le meilleur moyen de louer celui que nous pleurons.

Aussitôt que cette triste et fatale nouvelle : M. le Supérieur est mort ! s'est répandue dans le public, il n'y a eu dans l'âme de tous qu'un sentiment d'indi-

cible regret. Chacun sentait sur son cœur comme un
poids qui l'oppressait, et tout retour sur soi-même
ne faisait que le rendre et plus pesant et plus péni-
ble. On reportait involontairement son esprit sur le
passé, on aimait à se tracer sa simplicité, sa douceur,
sa bonté, sa passion inaltérable pour le bien, enfin
toutes ses vertus qu'il s'était appliqué à pratiquer
lui-même et qu'il avait su inspirer aux autres plus
encore par ses exemples que par ses préceptes.
Alors on retombait sur soi-même, et, le cœur serré
par le regret et la douleur, on laissait échapper ces
paroles entrecoupées : « Il n'est donc plus, ce digne
« Supérieur si aimé de nous et qui nous aimait lui-
« même si tendrement ! Il n'est donc plus ce bon
« père qui nous regardait tous comme ses enfants,
« et se plaisait tant à nous appeler de ce doux nom !
« Il n'est plus, et la mort vient de nous l'enlever dans
« un âge où nous avions l'espoir de le posséder en-
« core longtemps, au milieu de ses importants tra-
« vaux, dans la carrière la plus occupée, la mieux
« remplie qui fut jamais. » En lui nous perdons un pro-
tecteur, un appui, un ami sincère et dévoué, et par-
dessus tout un père ; car, quel est le prêtre de ce
diocèse qui ne se plût à l'appeler de ce doux nom,
quel est celui qui ne se promit de trouver toujours
auprès de lui un prompt et facile accès ? Tous à peu
près n'avaient-ils pas le bonheur de recevoir ses doc-
tes leçons ou d'être formés sous sa sage direction ?
Aussi, comme ils aimaient à lui donner place dans
leur souvenir, comme ils aimaient à proclamer hautement leur affection et leur reconnaissance ! Et au
milieu des difficultés inséparables de l'exercice du
saint ministère, ne les voyait-on pas venir à lui pour

prendre conseil de sa science théologique, s'appuyer
sur ses décisions, verser dans son cœur leurs joies
comme leurs chagrins, et ne le quitter que lorsqu'ils
étaient fortifiés, consolés et animés d'une noble et
nouvelle ardeur pour le salut des âmes.

Ce prêtre éminent excellait à se concilier l'estime
et l'affection ; et, disons-le, qui la mérita jamais plus
que lui ?

Appelé, quoique jeune encore, à l'importante et
difficile fonction du Supérieur du Séminaire, ne le
vit-on pas à cet âge déployer une sagesse consommée?
Cependant quelle science de l'administration, quelle
connaissance des esprits, des cœurs et des caractères ne faut-il pas dans ce poste élevé. Il s'agit
d'inspirer aux jeunes lévites une juste idée de la sublime vocation qu'ils poursuivent, et leur montrer le
sacerdoce comme ne devant être le partage que de
ces âmes fortement trempées, capables des plus
grands sacrifices, et assez fermes, assez énergiques
pour lutter contre les passions et le torrent du monde,
et ne devant un jour compter leurs combats que par
leurs victoires. Quel tact, quel discernement, quel
coup-d'œil sûr et précis, quel habile maniement des
esprits est donc nécessaire aux prêtres appelés à cette
haute fonction ? C'est à lui de cultiver, d'élever cette
pépinière de jeunes apôtres qui doivent un jour porter
dans tout le diocèse le double flambeau de la parole et
de l'exemple, c'est à lui d'allumer dans toutes les âmes
sacerdotales ce feu sacré qui doit les embraser et
se conserver toujours aussi vif, aussi ardent qu'au
jour de leur consécration aux pieds des autels. Or,
cette noble et difficile mission, M. Péala s'en est ac-
quitté pendant plus de trente ans, non-seulement

avec succès, mais j'ose même dire avec gloire. Et
ici-ne puis-je pas apporter, à l'appui de ce que j'a-
vance, la conduite d'un clergé aussi distingué que
celui du diocèse du Puy ; et si on le cite à juste titre,
comme un des plus réguliers de la France, à qui en
revient l'honneur ? Sans doute au rare sujet qui était
à sa tête, et qui, après avoir travaillé à se pénétrer
lui-même de l'esprit de M. Olier, avait si bien su
le communiquer à ses nombreux disciples, et justi-
fier ainsi la confiance des éminents prélats qui, en
se succédant sur le siège du Puy, s'applaudissaient
tous de voir leur premier établissement ecclésiastique
dirigé par un homme d'un tel mérite. Aucun prêtre
qui n'ait sur les lèvres des paroles de bénédiction
pour son ancien Supérieur ; et si tous affectionnent
sincèrement cette précieuse maison qui fut le berceau
de leur éducation cléricale, si tous ne demandent
qu'à venir s'y retremper dans les exercices de la
retraite, à quoi faut-il l'attribuer ? Au paternel abandon de ce bien-aimé et à jamais regrettable Supérieur,
qui laissait de côté les austères rigueurs de la discipline pour n'appeler à son secours que la raison
et la persuasion, voies d'autant plus sûres qu'elles
sont plus en rapport avec les faiblesses et les exigences
de notre humaine nature. Que d'autres s'attachent à
n'invoquer que la rigueur de la règle, que l'austérité
du commandement ; pour nous, à l'exemple de celui
qui fut notre maître et notre ami, nous ne cesserons
de croire et de répéter que la meilleure voie pour
former de bons prêtres, c'est de parler à leur raison non moins qu'à leur cœur, c'est de tempérer
l'amertume des reproches par un agréable mélange
de douceur et de bonté, c'est enfin de savoir em-

braser leurs âmes de ce feu sacré de la piété qui doit
continuellement brûler dans le cœur du prêtre comme
sur l'autel du sacrifice.

Voilà quel était le digne Supérieur dont nous dé-
plorons la perte récente. Ah! pleurons-le! oui, il
est bien digne de nos larmes. Pleurez-le, vous prêtres engagés dans les travaux du ministère sacré : il
était votre appui et votre conseiller sincère. Pleurez-
le, jeunes élèves du sanctuaire, vous ne verrez plus
celui dont vous avez tant admiré le savoir, l'affection
et l'expérience consommée. Pleurez-le, vous aussi,
hommes du monde, vous qu'il savait si bien attirer
à l'amour, à la pratique de notre sainte religion, par
l'ascendant irrésistible que lui donnait sa vertu. Pleurez-le encore pauvres et indigents, vous dont il avait
à cœur les intérêts et qu'il aimait tant à soulager
par d'abondantes aumônes. Mais s'il en est qui, au-
dessus de tous les autres, doivent donner un libre
cours à leur douleur, c'est d'abord son vieux père,
respectable vieillard qui, déjà arrivé aux dernières
limites de l'âge, voit son fils chéri le devancer dans
la tombe ; ce sont ses dignes frères qui lui étaient
unis de la manière la plus étroite, et qui perdent en
lui leur meilleur ami ; ce sont tous les membres de
cette honorable et religieuse famille dont il faisait la
gloire et l'ornement. Ah! sans doute, ils ne perdront
jamais son glorieux souvenir, ils le graveront dans
leur mémoire en caractères ineffaçables, et se le
transmettront de génération en génération comme le
plus riche héritage.

Mais pourquoi se consumer en vains et stériles
regrets ? Pourquoi trop s'attrister sur une fin si su-
bite et si peu prévue ? Ne vaut-il pas mieux appeler

à notre secours la foi avec ses consolantes et sublimes promesses ? Que nous dit-elle ? Elle nous dit que la mort des justes est précieuse devant Dieu : *Pretiosa in conspectu Domini mors sanctorum ejus* ; qu'heureux sont ceux qui meurent dans le Seigneur : *Beati qui in Domino moriuntur.* Et qui, mieux que celui que nous pleurons, peut réunir en lui ces deux titres, nous laisser cette double consolation ?

D'abord sa vie a brillé de l'éclat des plus solides vertus. Qui n'admira sa vive piété, son entier renoncement au monde et à soi-même, cette noble simplicité, indice d'une belle âme ; mais surtout, qui dira son ardent amour pour l'Eucharistie. C'est au pied des autels qu'il aimait à venir épancher son cœur avec toutes ses affections. C'est là qu'il était heureux de se trouver en face de l'auteur de la vie ; et, pendant qu'il offrait le saint sacrifice, il n'était pas rare de voir son visage s'animer, trahir les plus vives émotions et briller d'une ardeur séraphique. Qui osera soutenir qu'une si belle vie ne devait pas être couronnée par la plus sainte mort. Il nous a été donné de le visiter sur son lit de douleur au plus fort de sa maladie, et nous avons vu ce chrétien résigné, ce prêtre fervent, qui avait fait pendant la vie un continuel apprentissage de la mort ; nous l'avons vu, dis-je, ne savoir que recourir aux consolations célestes et nous dire : « Ma vie est entre les mains de « Dieu, je ne demande qu'à me soumettre à sa vo- « lonté, qu'à trouver grâce devant lui. Priez pour « moi. »

Oh ! la belle, la noble, la sublime philosophie, c'est celle du christianisme, celle de notre foi, celle qui nous apprend à mourir, celle qui ne nous laisse apercevoir, dans les horreurs du trépas, que l'initiation à une vie glorieuse et immortelle. Eh bien ! c'était celle qui soutenait notre digne Supérieur, qui lui apprenait à fixer les yeux sur Jésus-Christ, son chef et son modèle, afin de savoir faire, à son exemple, le sacrifice de sa vie. C'est ainsi qu'après huit jours de paisibles souffrances, il a rendu sa belle âme à Dieu, et s'est endormi dans le Seigneur : *Obdormivit in Domino.*

Hâtons-nous donc de sécher nos larmes, de mettre un terme à notre douleur. N'avons-nous pas, pour nous consoler, et le souvenir de cette belle vie, et le spectacle de cette sainte mort..... Oui, celui qui est l'objet de nos regrets n'a fait que nous devancer de quelques jours dans la patrie du bonheur. A cette pensée, qui ne se sentirait consolé, qui ne se sentirait encouragé à marcher sur ses traces. Quoiqu'il ne soit plus parmi nous, il ne nous parle pas moins par la puissante voix de l'exemple : *Defunctus adhuc loquitur.* C'est le riche héritage qu'il nous a transmis : puissions-nous travailler à nous en rendre dignes.

L'abbé Pharisier.

Enfin, au nom de la société, un esprit sérieux et distingué apporte aussi à la mémoire du saint prêtre un dernier hommage :

Le diocèse du Puy vient de faire une perte immense dans la personne de M. Péala, Supérieur du

Grand-Séminaire et vicaire-général du diocèse, décédé à l'âge de 63 ans. Cette perte serait irréparable, si on ne savait tout ce que la foi catholique renferme de puissance pour former des hommes apostoliques, et si on ne savait aussi combien la congrégation de Saint-Sulpice, à laquelle appartenait M. Péala, possède d'hommes éminents en vertus et en lumières.

Pendant les quarante années que M. Péala a passées dans ce sanctuaire de la science et de la piété, sa vie fut constamment le modèle de la vie de l'homme de Dieu. La ferveur, la charité, une bonté empreinte sur toute sa personne, une complète abnégation de soi-même, étaient les traits caractéristiques de cette âme vraiment inspirée de Dieu. La nature le fit un sage, la religion en fit un saint prêtre. Sous des dehors excessivement modestes, que la religion explique, M. Péala cachait de profondes connaissances, une vaste érudition et un vrai mérite. Pendant près de trente années, il a dirigé le Grand-Séminaire, et le diocèse a pu apprécier tout récemment si la foi catholique était perdue parmi nous. Cette mémorable manifestation religieuse est l'ouvrage de ce clergé presque tout formé par M. Péala. Ce sont les vertus éminentes de ce digne Supérieur qui ont servi de modèle à cette milice sainte et qui ont procuré à ce diocèse la gloire immense de donner à la France ce triomphe de la foi catholique. Honneur lui soit rendu. Sa haute piété a sauvé nos montagnes de cette contagion qui consume la France ; sa part est grande dans ce triomphe, et les hommes de Dieu qui nous ont procuré cet incroyable succès, au milieu d'un siècle de scepticisme, en rapporteront, je n'en doute pas, une large part à celui qui les forma à la vertu, à la piété, et qui, par ses exemples, les initia à la vie apostolique. Leurs regrets témoignent de leurs affections pour celui qui fut leur père et leur bienfaiteur.

La ville du Puy a senti la perte qu'elle faisait : elle a entouré de ses regrets, de ses sympathies, cette vie apostolique ; tous les rangs de la société, tous les partis se sont fait un honneur de rendre les derniers devoirs à M. Péala. La cathédrale n'a pu suffire à cet empressement, où la foi venait réclamer son ouvrage dans ce glorieux élan qui rappelait les beaux jours du jubilé. La piété a honoré ses restes comme ceux d'un ami de Dieu : elle est venue lui demander d'être l'intermédiaire des faveurs du Ciel. Si la vie de M. Péala fut une preuve palpable de la vérité évangélique, sa mort a été un triomphe pour la foi.

Ce digne pasteur a rempli sa mission dans toute la plénitude du mot : il a obéi complètement à la grâce, il s'est présenté devant le tribunal suprême les mains pleines de bonnes œuvres.

Hommes de toutes les conditions, de tous les âges, de toutes les opinions, pouvons-nous refuser nos hommages à celui qui passa sa vie entière à faire le bien, à donner l'exemple des plus hautes vertus ? Honorer le vrai mérite, la vertu, c'est se grandir et s'honorer soi-même. Déposons tous une fleur sur cette tombe sainte.

DE CHAULNES.

www.ingramcontent.com/pod-product-compliance
Lightning Source LLC
Chambersburg PA
CBHW072046080426
42733CB00010B/2005